kompaktwissen

KARL-HEINZ BILITZA

Spekulation à la Baisse

Gewinne und Absicherung auch bei fallenden Aktienkursen

Originalausgabe

Wilhelm Heyne Verlag
München

HEYNE KOMPAKTWISSEN
Nr. 22/213

Herausgeber der Reihe „kompaktwissen“:
Dr. Uwe Schreiber

Printed in Germany 1987
Umschlaggestaltung: Atelier Ingrid Schütz, München
Satz: Schaber, Wels
Druck und Bindung: Ebner Ulm

ISBN 3-453-02495-8

Inhalt

❞

Vor allem jetzt ist es an der Zeit, für umfangreiche Fach- und Sachaufklärung zu sorgen. Was wir an den Börsen erlebt haben, war kein Infarkt, aber ein Kollaps war das schon. Jemand, der einen Kollaps erleidet, muß dies als Warnung betrachten dafür, daß etwas nicht stimmt. Er muß sich fragen, was er anders oder besser machen kann.

❞

FRIEDRICH WILHELM CHRISTIANS

Chef der Deutschen Bank
in einem Interview im *Spiegel* vom 26. 10. 1987

Vorwort

Die Welt der Börsianer ist aus den Fugen geraten. Verwöhnt von jahrelangen Kurssteigerungen an den internationalen Börsen und einer geradezu sträflichen Euphorie, dachte niemand daran, daß die Kurse über Nacht in den Abgrund stürzen könnten. Aber war es denn schon der große »Crash«, oder steht er uns noch bevor?
Werden sich die Aktienkurse wieder erholen und das Vertrauen, das in den letzten Wochen verlorenging, wieder rechtfertigen?
Gibt es Chancen und Strategien, einem ähnlichen oder vielleicht noch schlimmeren Kurssturz vorzubeugen?
Fragen, die an den Weltbörsen dieser Tage immer wieder gestellt wurden.
Es gibt sicherlich keine hundertprozentige Versicherung gegen eine ähnliche Entwicklung, denn gegen politische und psychologische Entscheidungen und Tendenzen kann der Sparer und Anleger nichts ausrichten. Aber es gibt — leider noch viel zu wenig bekannt — für Aktionäre und Wertpapierinhaber zahlreiche Strategien, die es ihm ermöglichen, seine erreichten Gewinne abzusichern und ihn vor einem ähnlichen Schaden wie dem gerade überstandenen zu bewahren.
Im vorliegenden Buch wird keine Panikmache betrieben, sondern, wie es Deutsche Bank-Chef Christians fordert, Aufklärungsarbeit geleistet.
Nur wer die Möglichkeiten kennt, Vermögen zu sichern und erreichte Gewinne zu realisieren, wird den folgenden unsicheren Zeiten mit Gelassenheit entgegengehen.

I Der Crash 1929 – Panik an der Wall Street

Der 24. Oktober 1929 begann an der New Yorker Börse wie jeder andere Börsentag, und nichts deutete darauf hin, daß am Ende dieses Tages eine neue Weltwirtschaftskrise eingeläutet werden würde.
Als um 10.00 Uhr an der New Yorker Börse der Aktienhandel aufgenommen wurde, begann zunächst das übliche Geschäft, das einige Kursveränderungen nach unten und nach oben hervorrief.
Erst als zwei Pakete von 20 000 Aktien der Firmen General Motors und Kennecott Copper zum Verkauf angeboten wurden, horchten einige Broker auf, denn es war nicht üblich, solche Pakete schon in der Eröffnungsphase zu verkaufen. Man ließ sich normalerweise Zeit, um einen guten Preis zu erzielen und einen kaufwilligen Abnehmer zu finden. Den beiden ersten zum Verkauf angebotenen Aktienpaketen folgten andere großer amerikanischer Firmen, und die Nervosität an der Börse wuchs. Niemand konnte so recht erklären, warum plötzlich alle Welt verkaufen wollte.
Aber wie das so ist im Börsengeschehen: Ein Schneeball löst sehr schnell eine Lawine aus, und die Kurse kommen ins Rutschen. Da niemand da war, der gegenhielt, fielen die Kurse schlagartig in den Keller und verwandelten die New York Stock Exchange in ein Tollhaus. Broker und Boten schrien, hasteten wild gestikulierend umher, in der Hoffnung, doch noch Käufer zu finden, doch jeder wollte in dieser Situation raus aus dem Markt. Der Preis spielte keine Rolle mehr, das Chaos war perfekt.
Obwohl am frühen Nachmittag einer der bekanntesten

Repräsentanten der New Yorker Hochfinanz im Börsensaal erschien, um zu retten, was noch zu retten war, änderte sich nichts an der pessimistischen Grundstimmung. Richard Whitney, Vizepräsident der New York Stock Exchange, war von den führenden Bankiers beauftragt worden, durch Stützungskäufe den Sturz in den Keller abzufangen.

Ein hoffnungsloses Unternehmen, denn die anfängliche Zuversicht, die sein Erscheinen und sein Eingreifen ausgelöst hatte, war bald wieder dahin.

Die Anleger, die zwischenzeitlich Wind davon bekommen hatten, daß an der Börse der Teufel los war, standen bald Schlange, um die neuesten Kurse zu erfahren.

Sie hatten in den vergangenen Jahren alle dem Aufschwung, der »prosperity«, vertraut und blindlings Aktien gekauft, ohne vom Geschäft etwas zu verstehen. Die Hoffnung auf einen schnellen Reichtum hatte sie blind gemacht für die Realität.

Am Freitag, den 25. Oktober, stand in der Berliner Börsenzeitung im Börsenbericht der New Yorker Börse vom Vortag:

»Wall Street erlebte heute seinen schwärzesten Tag seit einer ganzen Reihe von Jahren. Das in langanhaltender Hausseperiode aufgebaute stolze Kursgebäude brach wie ein Kartenhaus zusammen.«

Vergleicht man diese Zeilen mit denen der Börsenberichte vom 20. Oktober 1987, lassen sich verblüffende Parallelen erkennen. So war die Rede von einem »Finale furioso«. »Die Welt erlebt den größten Börsenkrach aller Zeiten« in der *Zeit*; der *Spiegel* beginnt seine Berichterstattung mit »Wie in einer Kettenreaktion kippten die Kurse«, das *Handelsblatt* schöpfte am 22. 10. 87 wieder Hoffnung mit der Schlagzeile »Märkte wühlen sich aus den Trümmern der weltweiten Börsenkatastrophe«.

Doch leider war es nichts mit einer sehr schnellen Erholung, denn dem schwarzen Montag folgte eine Woche später ein schwarzer Dienstag, als der Dow-Jones-Index seinen zweitgrößten Verlust hinnehmen mußte. Besorgte Stimmen werden laut, die auf diese Parallelen zwischen 1929 und heute hinweisen, und die eine weltweite Rezession, ähnlich der in den dreißiger Jahren, auf uns zukommen sehen. Sind solche Vergleiche berechtigt?

Bleiben wir zunächst in den anfangs so »goldenen« Zwanzigern und untersuchen wir die Ursachen, die damals den Anfang vom Ende einleiteten.

Die USA war in den zwanziger Jahren als Gewinner aus dem Ersten Weltkrieg hervorgegangen und war gerade dabei, der Kapitalmetropole London den ersten Rang streitig zu machen. Großzügige Anleihen wurden in Europa und in Südamerika unters Volk gebracht, zuerst waren es die Banken und die Industrie, die Gefallen daran fanden, auf Kredit zu spekulieren, doch bald war auch der kleine Mann davon überzeugt, daß »money making« der beliebteste und spannendste Zeitvertreib sei.

Nach den Jahren des Krieges und der Not war nun jedermann bereit, es sich wieder gutgehen zu lassen, und die Banken in den USA taten alles, um jeden am einsetzenden Aufschwung teilhaben zu lassen. Elektrische Geräte wie Staubsauger und Radio wurden den Haushalten angepriesen, und der Siegeszug des Autos begann. Der Erfinder des Fließbandes, Henry Ford, schuf mit seiner legendären »tin lizzy« den Vorläufer des modernen Volkswagens, ein Auto, das sich jeder leisten konnte. In einer Selbstbiographie meinte Ford stolz zu seiner Leistung: »Das Publikum soll aus dem Staunen nicht herauskommen, weil ich es möglich mache, für so wenig Geld so viel zu geben.«

Die optimistische Stimmung im Land wurde unterstützt von den Politikern und den Banken, die den kleinen Mann regelrecht dazu verführten, dem Konsum zu huldigen und die Wirtschaft kräftig auf Touren zu bringen.

Das Spiel an der Börse wurde zum beliebten Gesellschaftsspiel, an dem bald alle teilnahmen, vom Großindustriellen bis zum Schuhputzer. Jeder wollte nur eines: schnell und bequem reich werden. Die Voraussetzungen dazu waren vorhanden, das erforderliche Geld wurde von den Kreditinstituten großzügig zur Verfügung gestellt, und die Börsenmakler waren bereit, Wertpapiergeschäfte auf Kredit durchzuführen.

Die großen Spekulanten sahen diesem Treiben mit Wohlwollen zu, denn wo viele kleine, ahnungslose Spekulanten auf die schnelle Mark hoffen, läßt sich für erfahrene Börsianer viel leichter Geld verdienen.

Ein Industrieller kommentierte das Geschehen vor dem Börsenkrach folgendermaßen:

»1929 kam man sich vor wie in einem Spielkasino mit getricksten Würfeln. Ein paar Hechte, die sich über die vielen Karpfen hermachten. Ich habe erlebt, wie Schuhputzer Aktien im Wert von 50 000 Dollar mit nur 500 Dollar in bar kauften. Alles wurde nur auf gut Glück gekauft.«

Peter N. Martin zeigt in seinem Buch »Spekulation der Geschichte, München 1982« die Entwicklung zum schwarzen Freitag ausführlich auf. Er beschreibt die damalige Situation unter anderem so:

»Außerdem gewährten die Banken den Börsenmaklern großzügig Kredit, und diese gaben die Gelder ebenso freizügig an ihre Kunden weiter. Schon Ende 1927, also bevor der letzte große Aufschwung der Kurse begann, betrugen die Darlehen an die Brokerhäuser bereits 4,4 Milliarden Dollar. Bis zum Börsengipfel im Herbst 1929 sollten diese Kredite auf 8,5 Milliarden Dollar anschwellen. Tausende von Maklerbüros im ganzen Land lockten mit allen Mitteln neue Aktienkäufer heran, eine Prüfung der Kreditwürdigkeit wurde recht lax gehandhabt, wer Geld für ein Aktienengagement brauchte, der bekam das in aller Regel auch.«

Das Geld war also da, und den Optimismus steigerten die großen Spekulanten und Brokerfirmen bald bis zur Euphorie. Einer der großen Haussespieler dieser Zeit, John J. Raskop, rechnete den kleinen Anlegern vor, daß sie bei

einer Sparsumme von fünfzehn Dollar im Monat innerhalb von 20 Jahren ein Vermögen von 30 000 $ anhäufen könnten. Raskop selbst schien das beste Beispiel dafür zu sein, wie schnell man damals sein Glück an der Börse machen konnte. In ärmlichen Verhältnissen aufgewachsen, wurde er Privatsekretär von Pierre S. Du Pont, einem Mitglied der schwerreichen Chemiedynastie, machte bald selbst Börsengeschäfte großen Stils und war später an der Finanzierung des Empire State Building stark beteiligt. Warum sollte man einem solchen Mann nicht glauben, wenn er im *Ladies Home Journal* in einem Interview verkündete:
»Jeder sollte reich sein«, und das Rezept für die Erfüllung dieses Wunschtraumes mit dem Tip »Aktien kaufen« gleich mitlieferte?

Die damalige Aktieneuphorie mit dem Wunsch des schnellen Reichwerdens läßt sich mit der heutigen Situation am deutschen Kapitalmarkt nicht vergleichen. Die Bundesbürger sind ganz im Gegensatz zu den damals spekulationsfreudigen Amerikanern sehr vorsichtige Anleger, deren liebstes Kind immer noch das Sparbuch ist, auf dem ein Großteil des Ersparten verwahrt wird.
Eine große Tageszeitung schrieb vor einiger Zeit, die Deutschen seien »Aktienmuffel«, weil nur etwa 6 % des Vermögens in Aktien angelegt ist.
Von daher lassen sich also keine Parallelen zur Situation von 1929 herstellen. Doch sehen wir, wie es damals weiterging:

Die Spekulation hatte ein fast perfektes System aufgebaut, die Kurse immer weiter nach oben zu treiben. Im Bankapparat, der Zentralbank, in der Regierung, bei Brokern, überall saßen Männer, die die Aktien zielstrebig in Richtung Hausse manövrierten.
Wissen Sie, wie in der damaligen Zeit ein erfolgreicher Börsianer seinem Sohn die Begriffe »Hausse« und »Bais-

se« erklärte? »Hausse, mein Sohn, das sind schnelle Autos, Champagner, Kaviar und schöne Frauen. Baisse dagegen die Fahrt mit der Straßenbahn, ein heißes Würstchen, ein Glas Bier und — deine Mutter.«

Der Altmeister der Börse, André Kostolany, der wohl als einer der wenigen noch lebenden Börsianer eigene Erfahrungen mit den schwarzen Börsentagen 1929 und 1987 vergleichen kann, hat eine weitere Börsenweisheit parat: »Nichts ist leichter als Wertpapiere dem Publikum zu verkaufen, wenn man den Leuten zeigen kann, wie hoch sie schon geklettert sind.«

Im Börsensaal waren damals an hektischen Tagen über tausend Broker, Gehilfen und Spekulanten mit der Ausführung von Kundenaufträgen beschäftigt. Eine zentrale Rolle im Handel kam in den zwanziger Jahren und kommt auch heute noch dem Spezialisten zu.

Der Spezialist konzentriert sich ganz auf eine kleine Zahl von Papieren und versucht, darin einen geregelten Handel abzuwickeln. Er ist dabei Makler, indem er die bei ihm eingehenden Kauf- und Verkaufsaufträge ausgleicht, er handelt aber daneben auch auf eigene Rechnung. Aus dieser Doppelrolle ergeben sich natürlich Konflikte, die man heute durch Gesetze und Börsenregeln auszuschließen versucht, in den zwanziger Jahren aber war das nur in sehr beschränktem Maße der Fall, und diese Spezialisten arbeiteten eng mit den Großspekulanten zusammen.

Damals fiel es leicht, das große Börsenpublikum auszunehmen, wenn man große Investmentfonds einrichtete, die von den bedeutenden Brokern verwaltet wurden. Diese Fonds entpuppten sich als die reinsten Geldmaschinen für ihre Initiatoren, denn man verdiente an der Gründung, der Verwaltung des Wertpapiervermögens, an Fusionen und an den Transaktionen. Zudem war es schließlich bares Geld, wenn man genau wußte, in welchen Papieren der Fonds seine Mittel investieren würde. Auf diese Weise hatte man die Kleinanleger viel besser unter Kontrolle, als wenn die auf eigene Faust spekuliert hätten.

»Schafherden bilden« hieß der Fachausdruck der Geldleute in Wall Street für diese Art von Kundenfang.

Auch zu diesem Vorgehen gibt es heute keine vergleichbare Parallele: Zum einen sind die Anleger nicht mehr so dumm, sich auf diese Art und Weise zu einer Spekulation hinreißen zu lassen — die IOS-Geschichte des Bernie Cornfeld und einige Warenterminschwindler bestätigen die Ausnahme von der Regel —, zum anderen sorgen heute Gesetze und Börsenordnungen dafür, daß die Börse ein zuverlässiges und überschaubares Instrument des Kapitalmarktes bleibt.

Welche politischen und wirtschaftlichen Hintergründe führten nun zu der Finanzkatastrophe an der Wall Street? Schon im Frühjahr 1928 mußte der Aktienmarkt an mehreren Samstagen geschlossen bleiben, weil die Makler mit der Bearbeitung der vielen Kundenaufträge nicht nachkamen, die heißesten Tage sollten allerdings erst noch kommen. Ein zeitgenössischer Beobachter charakterisierte das Getümmel an der Börse mit den Worten: »Es sah aus wie eine Straßenschlacht.«
Zwar kam es im Sommer 1928 vorübergehend zu einem stärkeren Rückschlag, der aber schnell überwunden wurde, als der Präsidentschaftswahlkampf begann.
1988 wird in den USA ein neuer Präsident gewählt. Ein Hinweis darauf, daß sich die Geschichte wiederholt?
Mit seinem Optimismus setzte sich der robuste Herbert Hoover gegen den warnenden Al Smith durch. Als Handelsminister in den vorangegangenen Kabinetten Harding und Coolidge schien Hoover genau der richtige Mann, die »prosperity« in alle Ewigkeit zu verlängern. Den reichen Familien und der Geschäftswelt sagten die republikanischen Regierungen der zwanziger Jahre ohnehin zu. Das zeigte sich schon darin, daß ein Vertreter des big business, der Großbankier und Multimillionär Andrew Mellon, das ganze Jahrzehnt über Finanzminister war.

»Nach der Coolidge-Prosperity die Hoover-Prosperity« lautete der Slogan, als es in das schicksalsträchtige Jahr 1929 ging.
Wer dachte schon daran, daß es inmitten dieser neuen »goldenen Zeit« allein in den USA über drei Millionen Arbeitslose gab? Ganz offiziell verkündete der im März 1929 aus dem Amt scheidende Präsident Calvon Coolidge, daß »die Aktien bei den gegenwärtigen Kursen billig sind«.
An der Spitze der beiden größten New Yorker Banken saßen prominente Spekulanten, die optimistische Statements abgaben. Wer sollte eigentlich gegen so kompetente Urteile Mißtrauen äußern, vor allem, solange die Kurse an der Börse noch rasant stiegen?
Zwar zögerten die Börsianer im ersten Halbjahr 1929 etwas, im Sommer aber ging die Hausse weiter. Auch eine Erhöhung des Diskontsatzes durch die Notenbank auf 6% konnte daran zunächst nichts ändern. Einige wenige Mahner aber hoben jetzt doch den Zeigefinger.

Wurden in den vergangenen Monaten die so abschätzig als »Crash-Propheten« titulierten Mahner wie Freiherr von Bethmann und Paul C. Martin nicht auch verlacht oder nicht für »voll« genommen? Was hinter ihrer »Crash-Philosophie« steckt, wird in einem späteren Kapitel genauer untersucht.

Im September 1929 fiel der Aktienindex um zehn Punkte, als ein gewisser Roger Babson, Herausgeber eines eher unbekannten Börsenbriefes aus Massachusetts, vor einem scharfen Einbruch warnte, am Ende der Woche aber standen die Aktien wieder höher als vor der Abschwächung. Die »Harvard Economic Society« befürchtete eine starke Rezession, wurde jedoch von einem Chor von Optimisten übertönt.
Es ist das alte Lied, die Kurse können noch so hoch sein, nur eine ganz kleine Minderheit denkt an das Ende der

Hausse und daran, daß die Aktien auch einmal wieder fallen könnten.
Daran hat sich bis heute nichts geändert. Als der Dow-Jones-Index seinen Höchststand von über 2700 Punkten erreicht hatte, war es für viele nur noch eine Frage der Zeit, bis die 3000 Punkte übersprungen würden. Wer sich damals zu Wort meldete und eine Prognose in die Gegenrichtung abgab, wurde nicht ernst genommen.
Immerhin war der Dow-Jones-Index für Industrieaktien vom 24. August, dem tiefsten Stand der zwanziger Jahre, bis zum denkwürdigen 3. September 1929, dem Gipfelpunkt der großen Hausse, um 504 Punkte gestiegen. Da jeder Index immer einen gewichteten Durchschnitt wiedergibt, hatten einige Papiere noch weit mehr zulegen können.
An diesem 3. September also endete, von fast allen Bürgern unbemerkt, der »big-bull market« (bull = Stier, Sinnbild des vorwärtsdrängenden Börsianers, der nur an steigende Kurse glaubt). Ein Bullenmarkt steht im Börsenjargon für Hausse, während das Gegenstück zum voranstürmenden Bullen ein Bär ist, der mit seiner Tatze die Kurse nach unten schlägt.
In dieser euphorischen Börsensitzung war der Dow-Jones-Index auf den bis dahin unerreichten Rekordstand von 386,10 Punkten gestiegen, fiel dann allerdings im Verlauf des Nachmittags etwas zurück. Nach gut zwei Wochen begannen die Kurse langsam zu sinken. Bis zu den merkwürdigen Ereignissen des schwarzen Donnerstags sollte der Index bereits knapp 20 % verloren haben.
Eine Frage, die sich enttäuschte Börsianer in den letzten Wochen immer wieder gestellt haben, wurde auch damals aufgeworfen: Wieso begann nun nach den vielen Jahren des Aufschwungs der Börsenboom plötzlich zu bröckeln? Die einfachste Antwort ist, daß eine Hausse immer so lange anhält, bis schließlich keine Kraft mehr in ihr steckt, die Optimisten ihr ganzes Geld investiert haben und die Skeptiker die Oberhand gewinnen.

Aber es gab auch einige deutlich erkennbare Warnsignale für die Börsianer, auf die jedoch nur wenige Insider achteten. Das ganze Jahr 1929 stiegen die Zinsen in den Industriestaaten, die Notenbanken wehrten sich damit gegen den Abfluß spekulativer Gelder nach der New Yorker Wall Street.
Ende September brach in London das Hatry-Imperium mit einer ganzen Reihe von Unternehmen und Investment-Trusts zusammen, als Clarence Hatry die notwendigen Millionen für eine neue Spekulation nicht auftreiben konnte und Betrügereien mit Sicherheiten aufgedeckt wurden. Im Anschluß an diesen Börsenschock erhöhte die Bank von England ihren Diskontsatz von 5,5 auf 6,5%. Damit begannen die ersten Abzüge von Kapital aus New York, die europäischen Finanzkreise brauchten von nun ab ihre Millionen zur Stützung der eigenen Interessen.
Einige gab es, die erkannten das Menetekel an der Wand und retteten ihr Vermögen. Der Vater des späteren amerikanischen Präsidenten, Joseph Kennedy, zum Beispiel stieß seinen Aktienbesitz rechtzeitig ab und verdiente später während der Weltwirtschaftskrise mit Baissespekulationen ein Vermögen.
Als er einmal gefragt wurde, warum er so rechtzeitig ausgestiegen sei, antwortete er: »Als mein Schuhputzer begann, mir heiße Tips für Aktienkäufe zu geben, wußte ich, daß es höchste Zeit war, meine Aktien zu verkaufen.«
Im Börsenjargon spricht man bei solchen Situationen, in denen plötzlich alle an steigenden Aktien Geld verdienen wollen, von einer »Dienstmädchen-Hausse«. Wenn alle auf den fahrenden Zug aufspringen, kommt er sehr schnell unter Dampf, und nur den erfahrensten Passagieren gelingt noch der Absprung.
Aber davon kann derzeit keine Rede sein.
Wie ging es 1929 weiter?

Die Situation vor den schwarzen Tagen des Oktobers 1929 war prekär. In jeder Börseneuphorie sind die Erwartungen der Marktteilnehmer extrem hochgespannt, schon Kurssteigerungen, die geringer als erhofft ausfallen, können in dieser Stimmung eine Enttäuschung darstellen. Tatsächlich aber begannen die Notierungen recht kräftig zu fallen. Das Ausland zog, nicht zuletzt durch den Hatry-Skandal in London bedingt, Gelder aus New York ab. Dadurch wurde das zum großen Teil auf Kredit aufgebaute Kursgebäude unterminiert.

Noch unmittelbarer drohte allerdings eine andere Gefahr. Viele große und kleine Anleger hatten bei den Brokern Schulden gemacht, um damit Aktien zu kaufen. Die erworbenen Papiere dienten dabei dann als Sicherheit für diese Darlehen. Fiel nun der Kurs der Aktien unter einen bestimmten Stand, so reichte die Sicherheit nicht mehr aus, und wenn der Anleger nicht sofort neues Geld nachschoß, wurden die Wertpapiere vom Makler schleunigst abgestoßen. Mit sinkenden Notierungen kamen immer mehr Aktienbesitzer an diese kritische Grenze, wo sie zwangsweise verkaufen oder Eigenkapital nachschießen mußten.

Alles stand demnach auf des Messers Schneide, als die historische Börsensitzung vom 24. Oktober 1929 stattfand. Den Anfang vom Ende haben wir bereits eingangs beschrieben.

Unbeschreiblich waren die Szenen, die sich daran anschließend unter den kleinen Anlegern abspielten. Angeblich wählten viele Spekulanten den Freitod, aus dem Hudson wurde die Leiche eines Börsianers gefischt, dessen Taschen noch 9,40 Dollar und einige Aufforderungen seines Brokers zu Nachschußzahlungen enthielten. Und zwei ruinierte Spekulanten mit Gemeinschaftskonto sollen sich für einen gemeinsamen Freitod entschieden haben: Sie sprangen Hand in Hand aus einem hochgelegenen Fenster des New Yorker Ritz-Hotels.

Ob Legenden oder Wahrheit, die verunsicherten Anleger begannen nun, Fragen zu stellen:
Sollten sie wirklich ihr gutes Geld nachschießen, wenn das bisher in Aktien investierte Eigenkapital innerhalb weniger Börsenstunden restlos aufgezehrt worden war?
Waren die großen Investment-Trusts so sicher, wie man geglaubt hatte? Stand die Konjunktur auf festem Grund, wo es doch schließlich vielen Leuten schon deutlich schlechter ging?
Eine ganze Menge Anleger hatte auch gar nicht mehr genug Bargeld, um den Nachschußforderungen der Broker Folge zu leisten. Und was besagte am Ende ein Stützungsfonds der Banken von 200 Millionen, wenn allein die Verschuldung der Börsianer schon weit über acht Milliarden Dollar betrug?
Das eindeutige Ende des »big bull markets« kam dann am 28. und 29. Oktober 1929. Am Wochenende hatten die Broker endlich Zeit gefunden, die vielen Kundendepots zu überprüfen. Dabei stellten sie fest, daß eine ganze Reihe hochverschuldeter Kunden weiteres Geld einzahlen mußte. Auf die Anfragen kamen jedoch in den meisten Fällen nur Absagen. »Verkaufen« war oft die einzige Antwort.
Außerdem fanden am Sonntag Aktienbesitzer die nötige Ruhe, über ihre Engagements in aller Stille nachzudenken und sich mit ihren Bekannten zu besprechen. Auch sie kamen zu dem Ergebnis »bloß verkaufen«, solange das noch zu halbwegs vernünftigen Kursen ging. Am Montagmorgen eröffnete der Markt daher bereits äußerst schwach, und der Verkaufsdruck nahm von Stunde zu Stunde noch zu. Anscheinend gab nun auch das vielbeschworene Stützungskonsortium den Kampf auf.
Erst nach diesem rasanten Kursrutsch konnten die Notierungen etwas stabilisiert werden, und es setzte eine leichte Erholung ein, zurück blieb jedoch ein wahres Trümmerfeld. Gegenüber dem Spitzenstand von Anfang September hatte der Dow-Jones-Index etwa 40% verloren, wo-

mit viele Kreditkäufer ruiniert waren. Die Stimmung der vorher so euphorischen Spekulanten hatte einen absoluten Tiefpunkt erreicht, und kein Mensch glaubte mehr an eine endlose »prosperity«.
Der Traum der goldenen zwanziger Jahre war ausgeträumt, und vielen Leuten wurde das schlagartig klar, obwohl die Gesundbeter alles versuchten, die alte Euphorie zurückzubringen.
Wer jahrelang sich nichts dabei gedacht hatte, seinen Staubsauger, das Auto oder ein Radio auf Abzahlung zu kaufen, machte sich nun auf einmal Sorgen, wenn er täglich neue Katastrophennachrichten in der Zeitung las. Es ist viel gerätselt worden, ob der Börsenkrach die Rezession auslöste, oder ob die Kurse fielen, weil die Wirtschaft in Schwierigkeiten geriet.

Sicherlich war der Zusammenbruch von Wall Street nicht der Grund für die Weltwirtschaftskrise, denn schon im Frühjahr 1929 zeigten sich überall Schwächezeichen der Konjunktur. Im März erreichte zum Beispiel die US-Automobilproduktion mit 622000 Wagen einen Höhepunkt und fiel bereits kurz vor dem »schwarzen Freitag« auf gut 400000 Fahrzeuge zurück. Ebenfalls im März stellte ein Beamter der Zentralbank fest, daß die Bauaufträge rasch zurückgingen und daß dies normalerweise immer mit zeitlicher Verzögerung auf eine Schwäche dieser Schlüsselbranche hinweisen würde.
Vermutlich haben aber die Hiobsbotschaften von der Börse die Rezession verschlimmert, weil sie das Ende der »prosperity« vielen Zeitgenossen besonders drastisch vor Augen führten und damit den allgemeinen Pessimismus verstärkten.

Lassen wir noch einen Mann zu Wort kommen, der die damalige Zeit miterlebte und wie kein anderer die Börsensäle der Welt kennt: André Kostolany beschreibt in seinem Buch »Kostolanys Wunderland von Geld und

Börse« die größte Finanzkatastrophe der Geschichte mit folgenden Worten:
»Und dann kam der Zusammenbruch am 22. Oktober. Gestern stand das Barometer noch auf schön, und heute blitzte und donnerte es aus heiterem Himmel. Für einige erfahrene Börsianer war es keine Überraschung. Es kam wie schon so oft in der Finanzgeschichte: Der Börsenboom schwillt mit den zufließenden Geldern und Krediten zu einem Riesenballon an, der dann durch einen Nadelstich platzen kann — und dieser Stich kommt unfehlbar. Ich wiederhole, kein Börsenkrach, dem nicht ein Börsenboom vorangegangen ist, kein Boom, der nicht mit einem Krach endet. — Die Ereignisse überstürzten sich.

22. Oktober: Große Verkaufswelle und steigende Nervosität in der Wall Street.
23. Oktober: Die Börse bleibt flau, nur ein paar Gelegenheitskäufer wollen von billigeren Preisen profitieren.
24. Oktober: Zuerst Ruhe vor dem Sturm, dann rast er los, wie ein Weltuntergang. Eine Lawine von Verkäufern, die ohne Käufer blieben, verschlang Wall Street mit Haut und Haar. Zufällig beobachtete ein berühmter Besucher, Winston Churchill, von der Galerie aus, wie eine Panik das Publikum ergriff. Geschrei stieg von der Broad Street herauf, aufgeregte Menschenmassen rotteten sich zusammen und ließen sich von der Polizei nicht zerstreuen.

Ohne Hut und Regenschirm eilte Charles Mitchell, Präsident der National City Bank, der wichtigste Drahtzieher der Wall Street, im Laufschritt nach Wall Street Nr. 23, in J. P. Morgans schallgedämpftes Büro. Es lag in einem zweistöckigen Palais zwischen Wolkenkratzern, auf dem teuersten Grund und Boden der Welt. Vor dem atemlosen Besucher bewahrte John Pierpont Morgan II. seine Ruhe. Er dachte an seinen Vater, John Pierpont Morgan I., der im Jahre 1907 bereits Wall Street vor der Katastrophe gerettet hatte. Und nun, zweiundzwanzig Jahre später, kam man wieder hilfesuchend zu den Morgans.

›Es muß etwas geschehen, oder alles geht zugrunde‹, sagte Mitchell, das Orakel der Börse, mit zittriger Stimme.
›Berufen wir doch gleich eine Konferenz aller Bankiers ein‹, antwortete J. P. Morgan. Am nächsten Morgen schrieb das Wall Street Journal verblendet und noch immer vertrauensvoll:
›Es handelt sich nur um eine gesunde und natürliche Reaktion der Börse. Gewisse Wertpapiere erreichten übersteigerte Preise, eine Korrektur war notwendig.‹
Das alles zeugte von unsinniger Naivität, und ich getraue mich, das offen auszusprechen. Wie immer fing es mit der Korrektur an, aber nach der Korrektur kommt die zweite und die dritte Phase, wie schon beschrieben.«
Soweit die Ausführungen eines unmittelbar am Börsenkrach beteiligten Spekulanten.

Lassen sich diese Zeilen unmittelbar auf das übertragen, was in den Oktoberwochen 1987 geschah?
Nach dem ersten kräftigen Kurssturz des Dow-Jones setzte zwar eine kurzfristige Beruhigung ein, aber schon eine Woche später mußte er den zweitgrößten Rückschlag in seiner Geschichte hinnehmen. Werden weitere Korrekturen nach unten folgen?
Bevor wir dem Geschehen im Oktober 1987 genauer nachgehen und versuchen, Motive für den plötzlichen Kursrutsch an den Weltbörsen zu finden, ein kleiner Exkurs für die Anfänger unter den Börsianern. Viele von ihnen werden verunsichert sein und sich fragen, ob das Vertrauen in die Aktie, das in den letzten Jahren durch ständige Kursanstiege gefestigt werden konnte, auch jetzt wieder hergestellt werden kann. Viele Jungbörsianer, die von der Börse bisher nur die eine Richtung, den Kurs nach oben kennengelernt haben, müssen umdenken.

II Was geschieht an der Börse?

Grundlagen für Anfänger

Unter »Börse« versteht man allgemein einen organisierten Handelsplatz für Güter gleicher Beschaffenheit, die nach Maß, Zahl und Gewicht bestimmt werden können. Nach der Art der gehandelten Werte unterscheidet man zwischen Wertpapier- (Effekten-), Waren- (Produkten-) und Devisenbörsen.

Viele Vorurteile über die Börse entstehen aus der Tatsache, daß dort etwas gehandelt wird, was man weder sehen noch in die Hand nehmen kann. Geht man auf einen beliebigen Markt, so weiß man, was für die gekaufte Ware bezahlt werden muß, der Käufer kann die Ware in Augenschein nehmen und direkt mit dem Verkäufer über den Preis verhandeln.

An der Börse ist das nicht der Fall. Als kleiner Anleger kann man nicht selbst dort als Käufer auftreten, noch weiß man beim Kaufabschluß genau, was die Ware »Aktie« kostet.

Nimmt man dazu noch die Bilder der vergangenen Wochen, die über die Bildschirme flimmerten, kann man die Abneigung vieler Bürger gegenüber dem Geschehen an der Börse verstehen. Ein Haufen von wild schreienden und gestikulierenden Menschen wurde gezeigt, die mit unverständlichen Handzeichen Geschäfte abwickelten, von denen der »Normalbürger« nur wenig Ahnung hat.

Die Aussagen vieler Broker und Makler nach den Ereignissen der letzten Wochen verstärken diese Tendenz. Die Rede war von einem »Tollhaus«, ein »Chaos« sei ausgebrochen, ja einige sagen sogar, diese Tage an der Börse seien schlimmer gewesen als der Krieg.

Kein Wunder, daß bei vielen der Eindruck entsteht, nur »Verrückte« könnten sich auf solche Geschäfte einlassen. Zu Unrecht, denn was so chaotisch und hektisch aussieht, geschieht nach festgelegten Regeln und Ordnungen, die von den Beteiligten peinlich genau eingehalten werden. Schließlich geht es jeden Tag um Millionenbeträge. Ein Besucher der New Yorker Börse, der in den Börsensaal durfte, was sonst nur Maklern und Brokern erlaubt wird, wurde gewarnt, er solle seine Hände hübsch unten lassen, sonst könnte er in wenigen Sekunden um etliche tausend Dollar ärmer sein.

Die Börse ist nichts anderes als der Markt für Wertpapiere (Aktien und festverzinsliche Wertpapiere), auf dem Kauf- und Verkaufswünsche gesammelt und vermittelt und Käufe abgeschlossen werden.
Aktien kann man nur kaufen, wenn jemand bereit ist, seine zu verkaufen, deshalb wird dieses Geschäft häufig »Null-Summen-Spiel« genannt. Nach den Gesetzen des Marktes bestimmen auch hier Angebot und Nachfrage den Preis, sie sorgen für steigende oder fallende Kurse. Wenn auf der einen Seite nur Verkäufer erscheinen, wie dies an der japanischen Börse zeitweise der Fall war, müssen die Kurse solange nach unten stürzen, bis sich jemand bereit findet, zu den niedrigeren Kursen wieder einzusteigen.
Da auf dem Wertpapiermarkt Käufer und Verkäufer nicht persönlich auftreten können, braucht man Makler, welche die Kauf- und Verkaufswünsche vermitteln und den Preis der Aktie, den Kurs, feststellen.
Die an der Börse tätigen Kursmakler sind staatlich bestellt und vereidigt. Sie vermitteln Geschäfte der zugelassenen Börsenhändler, zumeist Vertreter von Banken und Sparkassen, die im Auftrag von Käufer und Verkäufer tätig werden. An den Börsengeschäften sind also eine ganze Reihe von Zwischenhändlern beteiligt.
Rechtsgrundlage für die deutschen Börsen ist das Börsen-

gesetz vom 22. 6. 1896, das im Mai 1975 novelliert wurde. Es enthält Bestimmungen über

- die Börsen und ihre Organe,
- die Feststellung des Börsenpreises und das Maklerwesen,
- die Zulassung von Wertpapieren zum Börsenhandel
- den Börsenterminhandel.

Bevor eine Aktiengesellschaft mit ihren Aktien zum ersten Mal an der Börse zugelassen wird, muß sie bestimmte Bedingungen erfüllen.
Der Handel mit Aktien findet montags bis freitags — außer an Feiertagen — in den offiziellen Börsenstunden statt. Zwar werden auch vorher (vorbörslich) und danach (nachbörslich) Wertpapiere gehandelt. Der für die Kursbildung maßgebliche Handel spielt sich jedoch zwischen 11.30 und 13.30 Uhr ab.
Vor- und Nachbörse geben oft schon eine Vorahnung davon, wie die Stimmung in den eigentlichen Börsenstunden sein wird. So läßt eine freundliche Vorbörse — in diesen Tagen leider eine Seltenheit —, bei der viele Kaufaufträge vorliegen, darauf hoffen, daß sich dieser Trend auch in den folgenden Börsenstunden fortsetzt und zu steigenden Kursen führt. Heißt es jedoch in den Börsennachrichten (unter 01168 täglich ab etwa 10.30 Uhr), vorbörslich sei die Tendenz unsicher und abwartend, läßt dies für die Mittagsbörse eher fallende Kurse erwarten.
Nun noch einige Bemerkungen zur gehandelten Ware, der Aktie: Sie besteht aus dem »Mantel« und dem »Bogen«. Der Mantel, der die eigentliche Wertpapierurkunde darstellt, verbrieft das Teilhaberrecht. Will ein Aktionär seinen Gewinnanteil, die Dividende, kassieren, muß er die Kupons, die sich auf dem Bogen befinden, bei seiner Bank vorlegen. Da heute kaum noch ein Aktienbesitzer seine Papiere zu Hause verwahrt, sondern im Depot bei der Bank liegen hat, werden die Kupons automatisch an

den Dividendenterminen von der Bank eingelöst und dem Depotkunden auf seinem Konto gutgeschrieben.
Die Aktie ist ein Wertpapier, an dessen Besitz gesetzlich garantierte Rechte gebunden sind. Der niedrigste Nennwert beträgt 50 DM und gibt an, mit welchem Anteil ein Aktionär am Grundkapital einer Aktiengesellschaft beteiligt ist. Die Summe der Nennwerte aller ausgegebenen Aktien ergibt das Grundkapital der Aktiengesellschaft. Der Nennwert sagt noch nichts aus über den »wahren« Wert einer Aktie, denn er ist eine rein rechnerische Größe, die den Anteil am Grundkapital und damit am Gesamtvermögen der Aktiengesellschaft ausdrückt. Dieser Anteil ist entscheidend für den Anteil des Aktionärs am Gewinn des Unternehmens, denn die Dividende wird in der Regel in DM je Stück (Aktie à 50,— DM Nennwert) angegeben. Die Chemie zahlte beispielsweise in den letzten Jahren pro Aktie eine Dividende von 10,— DM (BASF, Bayer, Hoechst).
Für den Anleger viel interessanter als der Nennwert ist der Kurswert, der ihm täglich sagt, um wieviel ärmer oder reicher er geworden ist. Von den psychologischen und außenwirtschaftlichen Einflüssen abgesehen, auf die wir im Zusammenhang mit dem Kurssturz der letzten Zeit zu sprechen kommen, wird der Kurswert bestimmt von der konjunkturellen Lage der Gesamtwirtschaft, den Auftragseingängen des jeweiligen Unternehmens, seiner Kapazitätsauslastung, geschäfts- und branchenbezogenen Erwartungen, Gehalts- und Tarifabschlüssen und vielem mehr.
Einige Fachbegriffe, die dem Anfänger geläufig sein sollten, werden unseren »Grundkurs Aktie« vorläufig beenden. Eine ausführliche Darstellung aller notwendigen Kenntnisse finden Sie anschaulich und leicht verständlich in: K. H. Bilitza, Geld verdienen an der Börse, Heyne-Verlag 22/168.

Das Kurs-Gewinn-Verhältnis

Einer der gebräuchlichsten Maßstäbe, den Wert von Aktien zu messen und ihn damit vergleichbar zu machen, ist das Kurs-Gewinn-Verhältnis, auch price-earnings-ratio (PER) genannt. Damit wird das Verhältnis vom Aktienkurs zum geschätzten Reingewinn pro Aktie ausgedrückt. Der im Jahresabschluß, der Bilanz, eines Unternehmens ausgewiesene Gewinn ist nicht immer ein Maßstab für dessen Ertragskraft. Aus bilanz- und steuertechnischen Gründen werden das Vermögen und die wirtschaftliche Leistung oft eher unter- als überbewertet. Fachleute versuchen, durch Schätzungen den tatsächlichen Gewinn zu ermitteln. Dieser wird durch die Zahl der ausgegebenen Aktien geteilt. Das Resultat ist das Ergebnis pro Aktie. Nehmen wir an, der Börsenkurs für eine Aktie läge bei 250,— DM und der geschätzte Gewinn wäre 25,— DM pro Aktie, so ergäbe sich daraus ein KGV von

$$\frac{250,\text{— DM}}{25,\text{— DM}} = 10.$$

Dieses Kurs-Gewinn-Verhältnis würde einen sehr guten Wert ausdrücken, denn die durchschnittlichen Verhältnisse der deutschen Standardaktien liegen bei etwa 12 bis 13.

Als Faustregel gilt: Je niedriger das KGV, um so preisgünstiger die Aktie!

Das gilt leider nur als Anhaltspunkt, weil der geschätzte Unternehmensgewinn nicht immer eine nachweisbare und genau überprüfbare Größe ist. Er kann völlig legal je nach Interessenlage der Aktiengesellschaft nach oben oder unten manövriert werden.

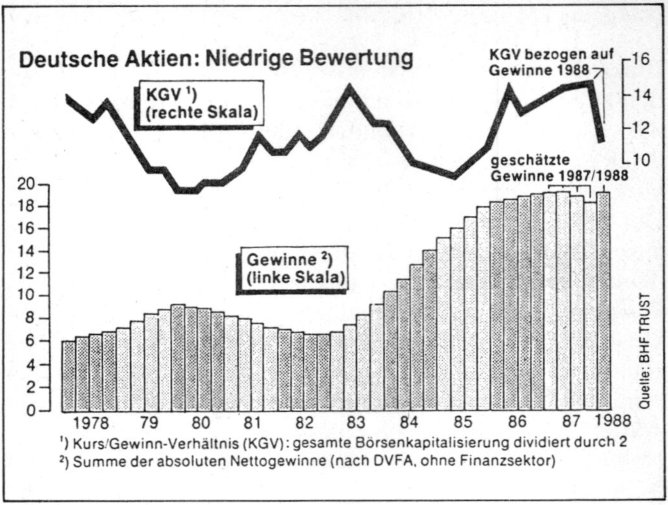

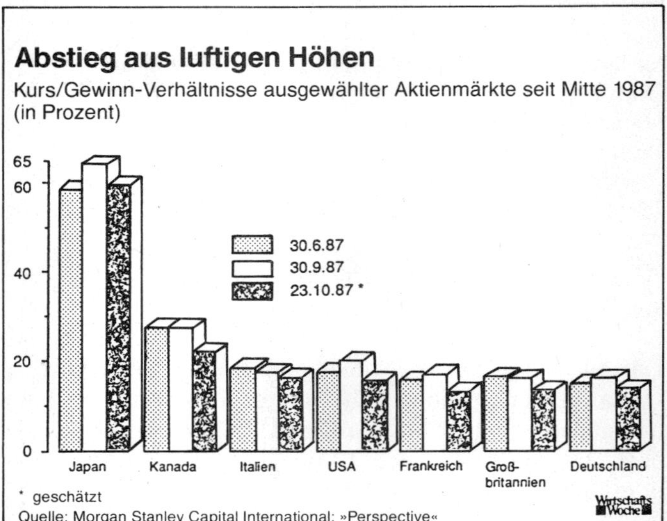

Quelle: Wirtschaftswoche v. 30. 10. 87

Der Cash-flow

Unter diesem Begriff versteht man jene Mittel, die einer Aktiengesellschaft für Dividenden, Investitionen und für die Tilgung von Schulden längerfristig zur Verfügung stehen.
Der Haken bei dieser Zahl besteht darin, daß alle Angaben auf die Vergangenheit bezogen sind und über die weitere Entwicklung einer Gesellschaft wenig aussagen können.
Zum Cash-flow gelangt man nach einer gängigen Formel, indem man den Jahresüberschuß, die Abschreibungen und den Zinsaufwand des vergangenen Geschäftsjahres addiert. Die Abschreibungen werden als gerechtfertigter Gradmesser für die Zukunftsaussichten gedeutet, denn gerade diese Bilanzposition verweist auf eine vorhandene Investitionsfreude. Ein Unternehmen, das viele abschreibungsfähige Güter vorweisen kann, verfügt in seiner Bilanz über einen hohen Abschreibungsbedarf. Der mindert zwar anfänglich den Jahresüberschuß, wirkt aber unter langfristigen Gesichtspunkten renditeerhöhend.
Damit sind wir bei einem weiteren Begriff, der für den Börsianer eine Rolle spielt.

Die Rendite

Sie läßt sich einfach errechnen nach der Formel:

$$\frac{\text{Dividende} \times 100}{\text{Erwerbspreis}} = \text{Rendite (in \% ohne Steuergutschrift)}$$

Für eine BASF-Aktie ergäbe sich nach dem Kurs vom 28. 10. 87 folgende Dividendenrendite:

$$\frac{10,\!- \text{ DM} \times 100}{274,\!20 \text{ DM}} = 3,\!65\,\%$$

Berücksichtigt man dazu noch die Steuergutschrift, so ergibt sich unter den derzeitigen Kursverhältnissen eine

recht ansehnliche Verzinsung. Dennoch spielt die Dividendenrendite für die meisten Aktienbesitzer nur eine untergeordnete Rolle, denn viel interessanter ist die Verzinsung, die sich aus realisierten Kursgewinnen — falls welche vorhanden — ergibt.
Eine klare Trennung zwischen Ertrags- und Spekulationsmotiven wird in der Realität sehr selten möglich sein. Jeder Aktionär, der sich zu den Spekulanten zählt, wird seine Aktien verkaufen, wenn sie ihm einen kräftigen Kursgewinn erbracht haben.
Jeder Börsianer kennt die Börsensprüche »nur realisierte Gewinne sind tatsächliche Gewinne« und »der Ausstieg ist viel schwerer als der Einstieg«. Diese Weisheiten gelten glücklicherweise auch bei fallenden Kursen. Ein amerikanischer Milliardär, der in den Oktoberwochen eine runde Milliarde verloren hatte, tröstete sich mit den Worten: »Es ist doch alles nur Papier, ich habe nichts verkauft, also habe ich auch nichts verloren.«
Ein schwacher Trost, doch dabei soll es nicht bleiben, denn wir wollen im folgenden Anlagestrategien aufzeigen, die gerade bei fallenden Kursen Gewinne ermöglichen.

Um die Börsenkurse richtig lesen zu können, sollte der Anfänger auch die hinter den Kursen stehenden Kürzel kennen.
Für viele Anleger stellen die Zusätze an den Aktienkursen, die sie im Börsenteil ihrer Zeitung nachlesen können, unverständliche Zeichen dar. Bekannt sind den meisten zwar die Abkürzungen G und B für Geld und Brief, aber Abkürzungen wie exBA oder bG rep. bleiben unbekannt.

Nachstehend sollen nun die wichtigsten Abkürzungen und ihre Bedeutung aufgeführt werden:

- **b, bz, bez** = bezahlt. Bei diesem Kurs glichen sich Angebot und Nachfrage aus. Neben den unlimitierten Aufträgen sind alle zum und über dem festgestellten Kurs limitierten Kauforders und alle zum und unter dem festgestellten Kurs limitierten Verkaufsaufträge ausgeführt worden.

- **G, g** = Geld. Bei diesem Kurs bestand nur Nachfrage, Umsätze kamen nicht zustande. Lediglich an der Berliner und Münchener Börse sind geringe Umsätze möglich.

- **B, p** = Brief, Papier. Zu diesem Kurs lag lediglich ein Angebot vor, Käufer fanden sich jedoch nicht, so daß — mit Ausnahme der Münchener und Hamburger Börse — keine Umsätze zustande kamen.

- **bG** = bezahlt Geld. Alle auf dieser Kursbasis liegenden Verkaufsaufträge wurden ausgeführt, die zu dem Preis limitierten Kauforders nur teilweise. Es bestand noch weitere Nachfrage, was als ein Zeichen für steigende Notierungen interpretiert werden kann

- **bB** = bezahlt Brief. Die zum festgestellten Kurs limitierten Verkaufsorders wurden nicht vollständig ausgeführt. Dagegen sind die zu dem Kurs und natürlich die darunter limitierten Kaufaufträge befriedigt worden. Auf diesem Niveau lag noch weiteres Angebot vor.

- **etw.bG** = etwas bezahlt und Geld. Zu diesen Kurs konnten die limitierten Kaufaufträge nur zu einem geringen Teil ausgeführt werden. Es bestand noch erhebliche Nachfrage.

- **etw.bB** = etwas bezahlt und Brief. Die zu dem ermittelten Kurs limitierten Verkaufsorders waren nur zu einem geringen Teil ausführbar bei noch bestehendem Angebot.

- **bG rep.** = bezahlt Geld repartiert. Hier konnten die zum festgestellten Kurs und höher limitierten sowie die unlimitierten Kaufaufträge nur durch beschränkte Zuteilung ausgeführt werden.

- **—** = gestrichen. Entweder lagen keine Aufträge vor oder die Kursvorstellungen der Anbieter und Kaufinteressenten wichen so voneinander ab, daß die Aktie an diesem Tag nicht gehandelt wurde und deshalb auch kein Kurs zustande kam.

- **–G** = gestrichen Geld. Es lagen lediglich Billigst-Kauforders vor ohne Angebot.
- **–B** = gestrichen Brief. Hier wurden nur Bestens-Verkaufsaufträge an den Makler herangetragen, ohne daß Nachfrage bestand.
- **T** = Taxkurs. Der Kurs der Aktie konnte lediglich geschätzt werden, Umsätze fanden nicht statt.
- **exD, exDiv.** = ausschließlich Dividende. In der Regel notiert die Aktie einen Börsentag nach der Hauptversammlung mit dem Dividendenabschlag.
- **exB** = ausschließlich Bezugsrecht. Von diesem Tag an werden die alten Aktien ohne Anspruch auf den Bezug junger Aktien gehandelt. Die Höhe des Bezugsrechtsabschlags wird von der Börse bekanntgegeben.
- **exBA** = ausschließlich Berichtigungsaktien. Dieser Kurszusatz erfolgt am Tag des Berichtigungsaktien-Abschlags, dessen Höhe sich nach dem rechnerischen Wert richtet.
- **Z** = Ziehung. Dieser Hinweis ist häufig bei festverzinslichen Papieren zu finden und begründet an den beiden dem Auslosungstag vorangehenden Börsentagen, warum die Notierung ausgesetzt ist.
- **exZ** = ex Ziehung. Der Kurszusatz findet am Auslosungstag bei verlosbaren Rentenpapieren Verwendung. Die Notierung versteht sich nur für nicht ausgeloste Stükke.

Das Limitieren

Ein letzter Hinweis in unserem »Schnellkurs Aktie« betrifft das Limitieren.
Gerade die letzte Zeit mit ihren rasanten Kursstürzen und zwischenzeitlichen Erholungstendenzen hat gezeigt, wie

wichtig es gerade für Kleinanleger sein kann, ihre Aufträge zu limitieren. Was ist darunter zu verstehen?
Mit der Limitierung geben Sie an, bis zu welchem Kurs Sie eine Aktie kaufen bzw. verkaufen wollen. Sie schützen sich damit vor zu starken Kursschwankungen. In der Regel gilt ein Limit bis zum Monatsende »ultimo«. Möglich ist aber auch ein Limit, das nur einen Tag gelten soll. Wenn Sie beim derzeitigen Kurs der BASF-Aktie bei rund 270,— DM unbedingt einsteigen wollen, weil sie an eine Kurserholung glauben, werden sie auf eine Limitierung verzichten und den Zusatz »billigst« in Ihren Kaufauftrag einsetzen. Gehören Sie zu den Pessimisten, die der Erholungsphase keinen rechten Glauben schenken wollen und vielleicht ein »Abstauberlimit« für einen schnellen Gewinn suchen, würden Sie vielleicht die Aktie auf 240,— DM limitieren und hoffen, daß die Aktie soweit nach unten fällt, bis sie Ihr Limit erreicht hat.
Als Verkäufer werden Sie den Zusatz »bestens« in den Verkaufsauftrag schreiben, wenn Sie die Aktien unbedingt loswerden wollen. Sie laufen damit Gefahr, gerade bei starken Kursschwankungen nach unten, die Aktie recht billig aus der Hand zu geben. Für Aktien die einen recht »engen« Markt besitzen, d.h. es sind relativ wenige Stücke im Umlauf, sollte jeder Auftrag grundsätzlich limitiert werden, damit die Aktien nicht zu teuer erworben werden.
Oft ist es sinnvoller, auf einen Kauf zu verzichten und schwächere Tage abzuwarten, als zu teuer einzusteigen.
Mitentscheidend für Gewinn oder Verlust ist das Limitieren für Kleinanleger besonders bei kräftigen Kursschwankungen, wie wir sie in den letzten Wochen erlebten. Viele Kurse sackten mit Doppelminus-Ankündigungen (mehr als 10% Verlust) in den Keller, um sich kurz darauf um einige Punkte zu erholen.
Der Kleinanleger ist gegenüber den Maklern und Brokern in einem gewaltigen Nachteil: Er kann nicht unmittelbar ins Börsengeschehen eingreifen, weil ihm die Infor-

mationsmöglichkeiten über ständige Kursschwankungen fehlen. Nur wenige Anleger haben bis jetzt direkten Zugang zu einem Börsencomputer. Er muß also mit einem bis zwei Tagen Vorlauf bzw. Rücklauf rechnen. Im Normalfall wird ein Kauf- oder Verkaufsauftrag noch am selben Tag ausgeführt, wenn Sie ihn vor 10.00 Uhr Ihrer Bank mitteilen.

Ohne irgendeinem Makler oder Broker eine solche Tätigkeit unterstellen zu wollen, hat er gegenüber dem »Normalbürger« einen wesentlichen Vorteil: Er kann bei schnell sinkenden Kursen die von Anlegern unlimitiert verkauften Papiere zu einem für ihn günstigen (dem niedrigsten) Preis erwerben und sie kurz darauf zum gestiegenen Preis wieder verkaufen.

Der Kleinanleger geht bei solchen Verkaufsaufträgen, die »koste es, was es wolle« in den Markt gegeben werden, das Risiko ein, zu den niedrigsten Kursen zu verkaufen. Noch extremer wirkt sich ein solches Verhalten beim Verkauf von Optionsscheinen (siehe Kapitel VII.5) aus, die aufgrund ihrer Hebelwirkung noch größeren Kursschwankungen ausgesetzt sind.

Bei Kaufaufträgen ist der umgekehrte Weg denkbar. Ein Berufshändler kann die Aufträge seiner Kunden auf einem ordnungsgemäß zustandegekommenen hohen Kursniveau ausführen, abwarten, bis die Kurse wieder fallen und sich dann eindecken, d.h. durch die vorher eingegangenen »Leerverkäufe« (siehe unter VIII.) einen kräftigen Profit einstecken.

Kleinanlegern bleiben diese Möglichkeiten verwehrt, ihnen bleibt nur eine Sicherheitsmaßnahme, wenn sie nicht unters Messer kommen wollen: die Limitierung.

III Die Bilanz zweier Wochen auf einen Blick

Hier war die Börsenwelt noch weitgehend in Ordnung

Auf einen Blick

Börsentendenz:	15. Oktober 1987
Aktien und Renten sehr schwach	

Finanzdaten:	15. Okt.	14. Okt.
F.A.Z.-Index	621,64	633,52
Dow Jones	2413,19*	2412,70
F.A.Z.-Renten-Rendite (Öffentliche, 10 Jahre)	7,21 %	7,05 %
US-Staatsanl.-Rendite (10 Jahre Laufzeit)	10,29 %*	10,24 %
Tagesgeld Frankfurt	3,85 %	3,90 %
Gold-Unze(Lond./Doll.)	466,60	460,80
1 Dollar	1,8014	1,8228
100 Yen	1,2695	1,2645
100 Schweizer Franken	120,76	120,43
1 Pfund	2,995	2,999
100 franz. Franc	29,965	30,020

* Ortszeit 11 Uhr

Unternehmensmeldungen des Tages:	
Lebensmittel: Wer sind die Käufer der Werhahn-Ketten?	Seite 17
MBB: Das deutsch-chinesische Flugzeug nimmt Gestalt an	Seite 20
Fokker: Turbulenzen um den Flugzeugbauer	Seite 20

Quelle:
FAZ v. 16. 10. 1987

Frankfurt	Fortl. Notierungen		Kassa	
	14.10.87	15.10.87	14.10.87	15.10.87
Adlerwerke .. 12	——	——	280—	280—G
AEG 0	319	315/3/3.50	319.70	315—
Agiv 10	435	433/5/3	434.50	433-
Altana 10	420	410	420.50	410—
Anzag 4	183	183	183—	183—
Asko.......... 10	835	818/10/30/24	842—	820—
dgl. VA 11.5	700	681/95/86G	700—	686—
Badenwerk .. 6.5	202.50	200/11G	203.50	201—
BASF 10	336.50	330/30.50/28.10	337.50	330—
Bayer 10	366.20	360/60.50/56.70	367.50	360.50
BMW 12.5	725	715/7/10.50/11	727—	715—
Bewag......... 6	153	151/2/49G	153.50	151.80
Brem.Vulkan .. 0	85	84/3.10	86—	83.10
BBC 12	339.50	339/2.50	342—	338.50
*Buderus .. 14.8	——	——	520—T	510—T
*Cassella..... 15	850	810	850—	814.50
Ceag 6	238	240/33	238—	235—
Contigas 8	375	373.50	375—	373.50
Continental ... 6	323	319/21.50/20.10	328.50	321.50
Daimler 12	1045	1014/11/34.50/23	1049—	1034.50
Degussa 10	480.50	474.80/68	482—	472—
Dt.-Atl.Tel. ... 24	950	——	950—	920—T
Dt. Babcock ... 3	238.80	235/6/29	238.80	233—
dgl. VA 3.5	219	220/18	219—	218—
*Dt. Eisenhdl.. 6	——	——	——	——
Didier.......... 7	243.40	243.20/2.20	243.40	243—
Dierig Hold. ... 2	130	133/30G	130—	133—
DLW 12	432.50	432/1/3	435—	433—
DU Schulth. ... 4	281	289	281—G	285—T
Enka AG 15	358	348	358—	348—
Essl. Masch. .. 7	432	——	432—G	425—
FAG Kugelf... 10	340.50	338/30/5G	342—	335—
dgl. VA....... 5.5	——	282/80	284—	280—
Feldm. Nobel. 10	324	320.20/1/18	325—	320—
Felten & G..... 4	156	152/5/3.50	154—	153.50
Fresenius VA ...	600	599/5.50	600—	595.50
Gehe 8	290	290/85	290—	290—
Gelsenw. 6.5	——	——	185—bG	187—T
Goldschmidt 9.5	279	272/1	279—	271—
Hamborn 7.5	255.30	257	255.30	256—T
Harpener ... 12.5	355	351/48G	356—	350.50
Heidbg.Zem. .. 8	731	725/3	731—	724—
Henkel VA ... 7.5	578	571/2/66	580—	569.50
Herlitz 2.4	212	208bG	212—	208—bG
dgl. VA 4.8	175	175	175—	175—
Hochtief 12	647	635.50/8/3/6	647—	636.50
Hoechst 10	326.20	319.50/20.50/18/8.30	327—	320.10
Hoesch AG ... 5	130.50	128/7.50G	130.50	128—
Holzmann 10	399	399/2/3G	399—	395—
Horten......... 0	239	234/5	238—	235—
Hussel......... 9	644	638/25/6	642—	630—
*IG Farb.Liqu. 0	8.75	8.80/8.75	8.75	8.80
IWKA 6.5	312	308.50/8	312.50	308.50
IVG 7	214	209/8	212.50	209—
Kali u. Salz 0	210	206/200.50	212—	205—
Kali-Chemie .. 12	480	——	480—bB	470—
Karstadt 8	594.50	586/1.50	596—	584—
Kaufhof 8	537	528/30/24.50	539—	528.50
dgl. VA	435	426/9/5	435—	426—
KHD 4.5	192	186/8/6.20	193.50	186.50

Frankfurt Fortl. Notierungen Kassa

	14.10.87	15.10.87	Kassa 14.10.87	Kassa 15.10.87
Klöckner-W. .. 0	129.50	130/29/9.50	130—	129—
Kolbenschmidt 8	212	211/208	212—bG	208—
*Krupp St.VA . 0	119.80	114.50/2.10	119.80	112.10
KSB 6.5	202.50	200.10/1/200bG	202.50	200.10
dgl. VA 7.5	176.50	175/6/5.80	177.80	175.50
Lahmeyer 10	——	600	615—	600—
Lech-Elektr.. 7.5	400	400G	400—G	400—G
Leifheit 12	408.20	390/182/5	408.20	385—
Linde 12	765	759/50/2	765—	75[illegible]—
Linotype	——	520	——	520—
Löwenbräu .. 9.5	——	——	2301—bG	2301—G
*Main-Kraftw. 15	——	——	528—G	523—bG
MAN 5.5	197	192/88/93/1G	197.70	192.50
dgl. VA 5.5	174	171.50/2/1	174.50	172—
Mannesmann . 5	182	179.10/80/78/8.10	182.50	173.50
Massa 10	410	408/6/6.50G	411—bG	403—
dgl. VA 11	314	314	317—	314—
Mercedes .. 14.5	907	890/85bG	909—	890—
Metallges. 6	400	395/8/7.50	400—	395—
Moenus 0	——	93.10	94.10	93.10
Nixdorf VA ... 10	824	817/9/4	823—	819—
Oberland Gl. 7.5	248.50	246/5	248.80	245—
Pegulan 8.5	——	——	372—	380—
dgl. VA 9.5	372	——	372—	380—T
Pfaff 9	211	210	214.50	210—
Philips K-I. ... 16	823	816/5.50/22/18.50	823—	818—
Phoenix 5.5	206	206/197/202	210—	204—
Porsche VA .. 16	935	920/905	950—	910—
Preussag 0	208	197/6.50/6.80	200—	197—
Puma VA	351	342/26/35	355—	340—
PWA 8	227.50	226/5	228.80	225.50
Rheinelekt.. 11.5	1408	1390/80	1408—	1385—
RWE 8	243	235/7/1	243—	236—
dgl. VA 8	230	227/4.50	230.50	226—
Rheinmetall ... 8	395	390/80.50	395—	335—
dgl. VA 9	309	300/1/298	306.50	301—
Rosenthal 5	288	281/4	288—	234—
Rütgersw. ... 8.5	390	——	390—G	335—
Salamander ... 8	310	308/9.50/7	310—bG	309.10
Schering 12	606	599/2/3	608—	593.50
Schmalbach 7.5	172.50	171/70.50bG	173—	170.50bG
Siemens 12	651	640/3/35/5.50	654—	643—
*Stahl P & S ... 0	——	135T	138—G	135—T
SEL 10.5	419	410/10.50/407/9	420—	409—
Strabag 0	122	122.80/20.50	122.80	122—
Südzucker ... 10	355	340T	355—	340—T
Thyssen AG ... 5	140.40	137.50/7.80/6.50/6.70	140.40	137.40
Thyssen Ind. .. 3	105.50	105/4	105.50	104—
Varta 9	363.20	356/8/6.50	363—	356.50
VDO VA 4.87	254	252	254—	252—
Veba 10	311.50	306.50/7.30/2.50/4	312.50	307—
*VDM 6.67	300	300G	300—G	300—G
VEW 6	170	168.50/7.50G	171—	168.50
Viag 6	221.50	218.20/9/5.50	221—	219—
VW 10	374.60	371/2/66.50	374.50	371.50
dgl. VA 11	335	327/8/4	336.80	327—
Wella VA 9	672	640/51	670—	647—
Ymos 2.5	167	167	167—	167—
dgl. VA 6	148.50	150/49/51	149—	151—

New York	14.10.87 Schluß	15.10.87 11.30
Aetna Life	60½	60⅛
Alcan Alu.	35½	35⅛
Allied Signal■	42¾	42—
Alcoa■	56⅞	57¼
Am. Airlines	51⅜	51—
Am. Brands	54⅞	53⅜
Am. Cyanamid	47⅝	46⅞
Am. Express■	34¼	34⅛
Am. Home Prod.	82⅜	82⅛
Am. T. & T.■	32⅜	32¾
Amoco	78⅝	78¼
Anheuser Busch	35¾	34¾
Atlantic Richfield	89⅝	89⅞
Avon	31¾	31⅜
Bank of America	11⅝	11⅝
Bethleh. Steel■	18—	17⅞
Boeing■	48¼	47⅜
Caterpillar	68½	68—
CBS	211—	206—
Chase Manh. Bk.	37½	37—
Chevron■	50—	50⅜
Chrysler	35½	34⅝
Citicorp	56—	55¾
Coca-Cola■	43¾	44¼
Colgate	47½	47—
Communic. Sat.	32¾	32—
Compaq	70⅜	70⅝
Control Data	34¾	34½
CPC	49½	48½
Deere	41—	40¼
Delta Airlines	50—	50⅜
Disney	71⅜	70—
Digital Equ.	183⅞	181—
Dow Chemical	99¾	99⅜
Du Pont■	110⅝	109½
Eastm. Kodak■	98¼	97⅜
Exxon■	47⅛	47⅜
Ford	91—	88⅜
Gen. Dynamics	66½	65¾
Gen. Electric■	56⅜	55⅝
Gen. Motors■	73—	72½
Goodrich	53⅞	52¾
Goodyear Tire■	66⅛	65½
Grace	64¼	63½
Halliburton	35⅝	35¼
Hewlett Packard	66¼	64¾
Holiday Corp.	34¾	33—
Homestake Min.	42⅞	44—
Honeywell	76¾	76—
IBM■	144⅛	144¼
Inco Ltd.	23¾	23⅜
Int. Paper■	48⅛	48¼

New York	14.10.87 Schluß	15.10.87 11.30
Int. Tel. & Tel.	64¼	63⅛
K.-Mart	36¾	36⅜
Lilly (Eli)	89—	87⅜
Litton Ind.	94¾	93¾
Lockheed Aircr.	54⅜	53—
Loew's Corp.	86⅜	84⅛
LTV	3¾	4—
McDermott	22⅞	23⅛
McDonald's■	47⅜	46¼
McDonnell	72⅜	72⅜
Manville Corp.	3⅛	3—
Merck■	190—	193½
Merrill Lynch	35¾	35⅝
Minnesota Min.■	72½	73½
Mobil Corp.	44⅜	44—
Monsanto	92—	91¾
Nat. Distillers	78—	78¾
Nat. Semicond.	19⅝	19—
Navistar■	6⅜	6⅜
NCR	76½	75⅞
Occidental Petr.	32¾	32½
PanAm	4⅝	4⅝
J. C. Penney	53¼	52⅛
Pepsico	36¾	35¾
Pfizer	63¾	61⅛
Philip Morris■	108¾	107⅞
Phillips Petr.	15¾	15½
Polaroid	31½	31⅝
Primerica■	46⅜	46—
Procter & Gam.■	94—	92¼
RJR Nabisco	62⅛	60⅝
Schlumberger	44¼	43⅛
Sears Roebuck■	45¾	45¼
Singer	50⅝	50—
Teledyne	373¾	373½
Tenneco	60¼	58¾
Tesoro Petrol	15⅝	15⅛
Texaco■	36⅞	37½
Texas Instr.	73½	70½
Union Carbide■	29⅞	29½
Union Oil Calif.	36⅜	35½
Unisys	43⅛	42½
United Techn.■	53¼	52—
USX■	36—	36⅜
Warner Comm.	34—	32¾
Wells Fargo	52¾	52½
Westingh. El.■	64⅝	64—
Weyerhaeuser	51¼	50⅛
Woolworth■	47—	46⅛
Xerox	74⅜	73¾
Zenith Radio	25½	25—

Ausl. Aktien-Indizes

	9. 10.	12. 10.	13. 10.	14. 10.	15. 10.
Amsterd.[1]	256,50	255,20	253,70	251,90	243,10
Brüssel[2]	5057,00	4994,40	4938,70	4972,90	4859,40
London[3]	1858,20	1835,20	1847,40	1834,70	1812,90
Madrid[4]	160,29	—	158,32	155,77	152,55
Mailand[5]	659,77	659,78	661,71	658,86	—
New York[6]	2482,21	2471,44	2508,16	2412,70	—
Paris[7]	99,50	97,20	96,80	94,30	—
Sydney[8]	2220,40	2185,00	2167,30	2184,90	2146,40
Tokio[9]	26338,77	26284,65	26400,63	26646,43	26428,22
Toronto[10]	3781,30	—	3759,90	3719,50	—
Wien[11]	228,69	226,95	225,89	225,95	223,75
Zürich[12]	637,30	628,30	635,20	638,40	632,30

[1] ANP/CES Ind.;
[2] Allg.; [3] FT;
[4] Banco de Vizcaya;
[5] Allg.;
[6] Dow Jones Ind.;
[7] Insee;
[8] Allg.;
[9] Dow Jones, alt;
[10] TSE;
[11] Credit-Anst.;
[12] Schw. Kredit-Anst.

Zwei Wochen später:

Weltweit gesunkene Aktienkurse, ein schwacher Dollar und ein Anstieg des Goldpreises

Auf einen Blick

Börsentendenz:	28. Oktober 1987
Aktien sehr schwach, Renten freundlich	

Finanzdaten:	28. Okt.	27. Okt.
F.A.Z.-Index	488,98	515,35
Dow Jones	1784,98*	1846,49
F.A.Z.-Renten-Rendite (Öffentliche, 10 Jahre)	6,81 %	6,86 %
US-Staatsanl.-Rendite (10 Jahre Laufzeit)	8,92 %*	8,93 %
Tagesgeld Frankfurt	3,95 %	3,90 %
Gold-Unze(Lond./Doll.)	477,50	474,00
1 Dollar	1,7491	1,7764
100 Yen	1,2580	1,2490
100 Schweizer Franken	121,44	121,19
1 Pfund	2,996	2,994
100 franz. Franc	29,835	29,865

* Ortszeit 10 Uhr

Unternehmensmeldungen des Tages:

BLV/Metro: Schwierige Abgrenzungen für das Kartellamt	Seite 15
Eduscho: Streikende dürfen weiter arbeiten	Seite 17
Swedish Match: Ab November an der Frankfurter Börse	Seite 18

Frankfurt Fortl. Notierungen Kassa

	27.10.87	28.10.87	27.10.87	28.10.87
Adlerwerke .. 12	—	—	262—G	262—G
AEG 0	273.50	263/3.50/53	273 —	263—
Agiv 10	355	360/59	355—	359—
Altana 10	355	345/25	355—bG	345—
Anzag 4	165	161/60	165—	160—
Asko 10	605	500/40/500	600—	500—
dgl. VA 11.5	520	460/8/60	510—	460—bG
Badenwerk .. 6.5	190	189.50/7.50	188.50	189.50
BASF 10	281.50	269/74.20/68.50/70.50bG	281.50	274.20
Bayer 10	296	275.50/85.50/80.50	295—	285.50
BMW 12.5	532	482/95/90	533—	493—
Bewag 6	142.50	140/39	138—	140—
Brem.Vulkan .. 0	70	68/5.10/5.50	70—	68—
BBC 12	300	286/93/90	299—	286—
*Buderus .. 14.8	485	—	485—	490—bB
*Cassella 15	—	735	746—	735—
Ceag 6	199	198.50/80.50	199—	190—
Contigas 8	313	320/10	313—	310—
Continental ... 6	266.50	241/40.50/4/1.50bG	266—	243.50
Coop (Fr.)	178.50	175/70	177.50	170—
Daimler 12	883	796/805/793/5	877—	804—
Degussa 10	418	385/94/85	418—	394—
Dt.-Atl.Tel. ... 24	890	—	890—	850—
Dt. Babcock ... 3	181	160/73/61	183—	168—
dgl. VA 3.5	177	157/60/52	170—	158—
*Dt. Eisenhdl. . 6	—	—	—	—
Didier 7	211	211/205G	210.50	205—
Dierig Hold. ... 2	120	115.50	120—	115.50
DLW 12	355	350/20	355.50	332.50
DU Schulth. ... 4	251	250bG	251—	250—bG
Enka AG 15	305	300	305—	300—
Essl. Masch. .. 7	—	—	415—G	415—G
FAG Kugelf. .. 10	270	260/45/51bG	285—	245—
dgl. VA 5.5	254	245	251—	245—
Feldm. Nobel. 10	267	263/8/55/6	266.50	260—
Felten & G. 4	135.50	129/34/29	135.50	134—
Fresenius VA ...	489	445/9.50/35G	486—	449.50
Gehe 8	232	226/3	232.50	225—
Gelsenw. 6.5	178	—	178—bG	179—T
Goldschmidt 9.5	233	227	233—	227—
Hamborn 7.5	213	195T	213—	195—T
Harpener ... 12.5	301	297/6bG	301—	296—
Heidbg.Zem. .. 8	605	580T/80	605—	—
Henkel VA ... 7.5	495	485.50/90/84/6	495—	485.50
Herlitz 2.4	175	170T	175—	170—T
dgl. VA 4.8	149	148/4	150—	144—
Hochtief 12	500	470/460T	500—	470—
Hoechst 10	263	249.50/56/3.10	262.50	255—
Hoesch AG ... 5	112	108.10/8.50/6.50	110.50	108.50
Holzmann 10	359	357/48	359—	355—
Horten 0	200	195/90/2	211—	191—
Hussel 9	475	456/5/60/56	490—	460—
*IG Farb.Liqu. 0	8.30	7.90	8.30bG	7.90
IWKA 6.5	250	232/4/1	249.50	234—
IVG 7	180	180/75	180—	180—
Kali u. Salz 0	184	165/72	184—	172—
Kali-Chemie .. 12	421	420G	421—	420.20
Karstadt 8	451	395/422/1.50	460—	418—
Kaufhof 8	438	417/400/3	439—	404—bG
dgl. VA	330	330/20G	330—	320—

Frankfurt	**Fortl. Notierungen**		**Kassa**	
	27.10.87	28.10.87	27.10.87	28.10.87
KHD 4.5	137.50	136/25	142.50	129.50
Klöckner-W. .. 0	110	106/4.50	110—	104.50
Kolbenschmidt 8	173	170/68.50	175—	170—
*Krupp St.VA . 0	102	100	102—	100—
KSB 6.5	170	——	170—	170—
dgl. VA 7.5	150.20	145/4.20	144—	144.20
Lahmeyer 10	580	570/55	575—	560—
Lech-Elektr.. 7.5	——	——	——	——
Leifheit 12	362	359/5G	362—	359—
Linde 12	623	592/600/585	634—	592—
Linotype	468	432	468—	432—
Löwenbräu .. 9.5	2300	2300G	2300—	2300—bG
*Main-Kraftw. 15	——	——	490—T	——
MAN 5.5	156.20	151.20/46.50	157.90	149.50
dgl. VA 5.5	151	145/28	150—	131—
Mannesmann . 5	152	145/1/1.50	152—	144—
Massa 10	312	300/298	315—	298—
dgl. VA 11	304	290/83	298—bG	283—
Mercedes .. 14.5	737	686/700/670	736.50	692—
Metallges...... 6	290	276/70	290—	270—
Moenus 0	82.70	82/2.10	82.70	82.10
Nixdorf VA ... 10	679.50	632/50/46	681—	648—
Oberland Gl. 7.5	217	212/——	217—	212—
Pegulan 8.5	——	——	310—T	300—T
dgl. VA 9.5	——	——	359—	345—T
Pfaff 9	184	180/79/9.50	184.50	180—
Philips K-I. 16	653	600/575/6	651—	580—
Phoenix 5.5	166.80	147/52	166.80	148—
Porsche VA .. 16	770	640/10	770—	640—
Preussag 0	168	151.20/3/39	164—	150—
Puma VA 4.5	306	300/290	314—	299.50
PWA 8	190	182/6/5bG	193.20	186—
Rheinelekt.. 11.5	1210	1180/80B	1210—	1180—
RWE 8	222	211.50/5/209	217—	212—
dgl. VA 8	211	207/2/2.50	207.50	205—
Rheinmetall ... 8	320	265/70	314—	265—
dgl. VA 9	237	230/200/5	235—bG	210—
Rosenthal 5	206	209/10	216—	209—
Rütgersw.... 8.5	338.50	338.80	338.50	338.80
Salamander ... 8	275	270/60bB	276—	260—bB
Schering 12	508	455/40/5	500—	455—
Schmalbach 7.5	155.20	155/50/5	156—	155.50
Siemens...... 12	518	475/86/77	517—	483—
*Stahl P & S ... 0	——	——	130—T	127—T
SEL 10.5	361	330/300	361—	320—
Strabag 0	110	105.10	110—	105.10
Südzucker ... 10	321	320bG	321—bG	320—bG
Thyssen AG ... 5	117.50	115/109/10.50	118.50	113—
Thyssen Ind. .. 3	93.10	93/90.50	93.10	90.50
Varta 9	300	275/67	300—	275—
VDO VA 4.87	223	210/205/10	220—	210—
Veba 10	272	260.50/4	270.50	264—
*VDM 6.67	300	300G	——	——
VEW 6	160	159/8	161—bG	159—
Viag 6	195.50	188/4	194—	186—
VW 10	309	291/3/84/8	309.80	293—
dgl. VA 11	287	265/60.50/70/61	287—	270—
Wella VA 9	510	498.50	518—	498.50
Ymos 2.5	160	160/55	160—	160—
dgl. VA 6	137	120	137—	120—

New York	27.10.87 Schluß	28.10.87 Anfang
Aetna Life	52 1/8	51 3/4
Alcan Alu.	21 7/8	21 1/4 ex
Allied Signal■	34 1/2	34—
Alcoa■	35 1/4	34 3/4
Am. Airlines	31 5/8	30 7/8
Am. Brands	40 1/2	40—
Am. Cyanamid	33 1/4	33 1/2
Am. Express■	23 1/2	22 3/4
Am. Home Prod.	70—	70 1/8
Am. T. & T.■	27 1/2	27 3/8
Amoco	69 1/2	69 1/8
Anheuser Busch	29 1/8	29—
Atlantic Richfield	77—	75 1/2
Avon	23 1/4	22 3/4
Bank of America	8 1/2	8 3/8
Bethleh. Steel■	9 7/8	9 3/8
Boeing■	36—	35 3/8
Caterpillar	44—	44 1/8
CBS	153 7/8	151 3/8
Chase Manh. Bk.	27 1/2	28—
Chevron■	39 1/2	38 3/4
Chrysler	24 1/2	23 1/2
Citicorp	37 3/8	37 3/8
Coca-Cola■	37 1/2	38 3/8
Colgate	41 1/4	40 1/2
Communic. Sat.	24 5/8	23 7/8
Compaq	40—	41—
Control Data	19 1/4	19 1/4
CPC	36 1/4	36 1/8
Deere	23 3/4	24 1/2
Delta Airlines	36—	35 1/2
Disney	47 3/4	46 7/8
Digital Equ.	116 3/4	115—
Dow Chemical	64 1/8	62 1/2
Du Pont■	85—	84 1/4
Eastm. Kodak■	51 1/4	50 1/2
Exxon■	43—	41 3/4
Ford	70—ex	69 1/4
Gen. Dynamics	51—	51 1/2
Gen. Electric■	43 5/8	43 1/8
Gen. Motors■	59 1/2	58 3/4
Goodrich	30 1/4	28 1/4
Goodyear Tire■	42—	40 1/4
Grace	40 1/2	39 1/8
Halliburton	22 1/2	22—
Hewlett Packard	41 7/8	41 1/4
Holiday Corp.	18 5/8	17 7/8
Homestake Min.	30—ex	28 7/8
Honeywell	53 1/4	51 1/2
IBM■	118—	116 1/2
Inco Ltd.	13 3/8	13—
Int. Paper■	29 3/4	29 1/8

New York	27.10.87 Schluß	28.10.87 Anfang
Int. Tel. & Tel.	50 1/4	49 1/2
K.-Mart	24 7/8	24 5/8
Lilly (Eli)	68—	67 7/8
Litton Ind.	69 1/4	69—
Lockheed Aircr.	34 3/8	33 3/4
Loew's Corp.	64—	64 5/8
LTV	2 3/4	2 1/2
McDermott	15 3/4	16—
McDonald's■	42—	41 1/2
McDonnell	57 3/4	57 5/8
Manville Corp.	2 1/4	2 1/8
Merck■	161 1/2	160 1/2
Merrill Lynch	24 5/8	23 7/8
Minnesota Min.■	55 1/2	54 5/8
Mobil Corp.	37 3/8	36 3/4
Monsanto	60 1/2	60 1/4
Nat. Distillers	51 1/2	50—
Nat. Semicond.	10 7/8	10 5/8
Navistar■	4 1/8	4 1/8
NCR	53 3/4	53—
Occidental Petr.	25—	24 3/4
PanAm	3 1/4	3 1/4
J. C. Penney	38—	37 5/8
Pepsico	31—	31—
Pfizer	49 3/8	49 1/4
Philip Morris■	86 1/8	85—
Phillips Petr.	11 5/8	11 3/8
Polaroid	20 7/8	20 5/8
Primerica■	27 3/8	27 1/4
Procter & Gam.■	81 5/8	80 1/4
RJR Nabisco	48 1/2	47 7/8
Schlumberger	31 3/8	30 1/4
Sears Roebuck■	34 7/8	34—
Singer	29 7/8	32—
Teledyne	261—	262 1/2
Tenneco	39 7/8	39 1/2
Tesoro Petrol	8 5/8	8—
Texaco■	28 7/8	28 1/2
Texas Instr.	39—	38 1/2
Union Carbide■	19 3/4	19 1/8
Union Oil Calif.	26 7/8	25 3/4
Unisys	26 3/4	26 1/4
United Techn.■	34 1/8	34 1/2
USX■	25 1/4	24 1/2
Warner Comm.	22 1/2	21 3/4
Wells Fargo	42—	41—
Westingh. El.■	42 3/4	41 1/4
Weyerhaeuser	31 3/8	31 1/8
Woolworth■	32 1/4 ex	30 5/8
Xerox	52 1/2	51 1/8
Zenith Radio	11 7/8	12—

Ausl. Aktien-Indizes

	22. 10.	23. 10.	26. 10.	27. 10.	28. 10.
Amsterd.[1])	209,60	205,00	188,60	186,90	—
Brüssel[2])	4624,40	4516,40	4317,90	4224,20	3992,30
London[3])	1435,30	1396,80	1307,10	1322,00	—
Madrid[4])	137,21	133,82	127,11	121,73	118,10
Mailand[5])	602,78	585,36	557,91	552,92	541,20
New York[6])	1950,43	1950,76	1793,93	1846,49	—
Paris[7])	83,50	82,90	76,90	77,80	—
Sydney[8])	1628,90	1514,70	1415,30	1315,30	1388,90
Tokio[9])	24404,45	23201,22	22202,56	22834,96	22577,53
Toronto[10])	3107,60	3079,40	2846,50	2876,20	—
Wien[11])	207,71	206,88	—	198,43	193,97
Zürich[12])	531,60	525,20	460,70	479,30	462,10

[1]) ANP/CBS Ind.; [2]) Allg.; [3]) FT; [4]) Banco de Vizcaya; [5]) Allg.; [6]) Dow Jones Ind.; [7]) Insee; [8]) Allg.; [9]) Dow Jones, alt; [10]) TSE; [11]) Credit-Anst.; [12]) Schw. Kredit-Anst.

Eine drastische Situationsbeschreibung nach der Katastrophe gab die *FAZ* v. 31. 10. 87:

»Am Tatort selbst, der Börse an der Wall Street, hat man inzwischen zum gewöhnlichen Chaos zurückgefunden. In der vergangenen Woche spielten sich dort Szenen ab, die dem antiken Theater Ehre gemacht hätten. Der Gesichtsausdruck mancher Makler, die auf dem Bildschirm den freien Fall der Kurse verfolgten, glich dem des Ödipus, als er erfährt, daß er mit seiner Mutter verheiratet war und sie sich soeben erhängt hat. Einige waren am Nachmittag so erschöpft, daß sie nur mit fremder Hilfe das Lokal verlassen konnten. Die Toiletten, weiß der ›New Yorker‹ zu berichten, seien voll von Erbrochenem gewesen.«

Ein Bankier, angesprochen auf den Unterschied von 1929 und 1987 meinte: »Der Unterschied zwischen dem schwarzen Freitag und dem schwarzen Montag liegt darin, daß diesmal die Computer aus dem Fenster springen müßten.«

IV Der schwarze Montag am 19. Oktober 1987 –

Ist damit alles ausgestanden, oder beginnt jetzt die Katastrophe?

Die *Frankfurter Allgemeine Zeitung* vermeldet unter der Schlagzeile »Trotz Börsensturzes keine Furcht vor Rezession« am Donnerstag, den 29. Oktober 1987, Tröstliches: »Die Kursstürze an den internationalen Aktienmärkten werden Folgen haben für das Wachstum in den westlichen Industrieländern, die Auswirkungen werden jedoch begrenzt sein. Ein Vergleich mit dem Börsenkrach im Jahre 1929 ist nicht angebracht, da die Wirtschaft derzeit in guter Verfassung ist. Starke Konjunktureinbrüche werden nicht erwartet, allerdings werden sich die Konsumausgaben privater Haushalte vorerst verringern. Das ist das Ergebnis einer Umfrage von Wirtschaftskorrespondenten der *FAZ* in den Vereinigten Staaten, der Bundesrepublik Deutschland, Großbritannien, Frankreich und Italien.«

Hoffen wir, daß die Herren recht behalten, und daß das, was als »schwarzer Montag« in den Annalen der Börsengeschichte eingehen wird, wirklich nur begrenzte Wirkungen zeigt.

Noch lange wird man rätseln, wie es dazu kommen konnte, und viele Fachleute werden viele Meinungen vertreten. Ob begründet oder unbegründet — das »programmierte Massaker«, das »blutige Gemetzel an der Wall Street«, der »größte Börsenkrach aller Zeiten« hat Anleger in aller Welt aufgeschreckt und die jahrelang vorhandene Börseneuphorie mit einem Schlag zunichte gemacht.

Was war passiert?
Zitieren wir einige Stellungnahmen aus der Presse:
»Es war ein Höllenfeuer, wie es die Wall Street noch nie erlebte. Als an diesem Montag im großen Börsensaal der New York Stock Exchange die Glocke den Beginn des Aktienhandels einläutete, schien sie das letzte Stündlein für die von einem fast sechsjährigen Kursaufschwung verwöhnten Aktionäre anzuschlagen.
Die amerikanische Börse erlebte einen Kurseinbruch wie noch nie — selbst der berüchtigte schwarze Freitag des Jahres 1929 verblaßte gegenüber dem Inferno vom 19. Oktober 1987.
Auf den Fernsehschirmen im Börsensaal flackerte eine Hiobsbotschaft nach der anderen auf:
IBM 135, 129, 124, 113 und zum Schluß, nach sechseinhalb qualvollen Börsenstunden, 103 Dollar. Reuters, der elektronische Börsendienst für die Banken, Broker und Großaktionäre in aller Welt, konnte die Flut immer neuer und immer niedrigerer Kurse nicht mehr bewältigen. Plötzlich leuchtete auf den Bildschirmen die aberwitzige Nachricht auf, der Dow-Jones-Index habe 310 Punkte auf 2556 Punkte zugelegt — aber zum Lachen fand das schon niemand mehr.
Am Ende dieses rabenschwarzen Montags hat der Dow, wie das über hundert Jahre alte Börsenbarometer kurz genannt wird, einen neuen Negativrekord aufgestellt. An einem einzigen Tag verlor er 508 Punkte, er fiel von 2246 auf 1738 Punkte. Das ist ein Kursrückgang um 22,6 %.
Zum Vergleich: Am 24. Oktober 1929 fiel der Dow-Jones-Index um 38 Punkte oder 12,8 %. An diesem Montag wurde an der amerikanischen Börse die unvorstellbare Menge von sechshundert Millionen Aktien verkauft, das Fünf- bis Sechsfache eines normalen Tages und mehr, als beispielsweise im Jahr 1957 insgesamt an der New Yorker Börse gehandelt wurde. Am Ende des Börsentages haben die Besitzer amerikanischer Aktien die ebenso unvorstellbare Summe von 520 Millionen Dollar verloren.

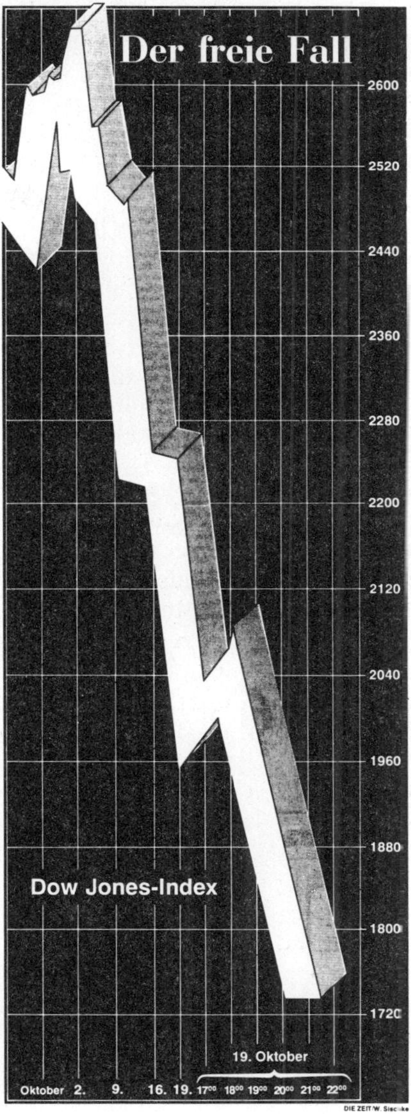
Der freie Fall
2600
2520
2440
2360
2280
2200
2120
2040
1960
1880
1800
1720
Dow Jones-Index
19. Oktober
Oktober 2. 9. 16. 19.
17⁰⁰ 18⁰⁰ 19⁰⁰ 20⁰⁰ 21⁰⁰ 22⁰⁰

Um diesen Betrag ist der Kurswert der etwa fünftausend an den amerikanischen Börsen gehandelten Aktiengesellschaften niedriger als am vorangegangenen Freitag. An einem einzigen Tag haben diese Aktionäre ein Vermögen eingebüßt, mt dem theoretisch die Hälfte der Schulden der Dritten Welt getilgt werden könnte.« (Die *Zeit* vom 23. 10. 87)

»Als am Montag dieser Woche die Börse der fernöstlichen Wirtschaftsmetropole Hongkong wieder öffnete, raste der Puls der Profis nach oben, und die Kurse gingen steil nach unten. Im hektischen Geschrei der Händler sackten die Notierungen des Platzes, der unter Kennern als ›total verfixt und durch Käufe auf Kredit völlig überspekuliert‹ gilt, binnen weniger Stunden um 33%. Damit war klar: Die Hysterie an den Börsen der Welt ging in die zweite Woche. Die schönen Reden von Politikern und Bankern hatten nichts geholfen.« (*Stern* vom 29. 10. 87)

Im gleichen Artikel des *Stern* kommen noch zwei Experten zu Wort, die sehr gegensätzliche Meinungen vertreten und die stellvertretend für die beiden Lager der Wirtschaftsexperten stehen: auf der einen Seite die Optimi-

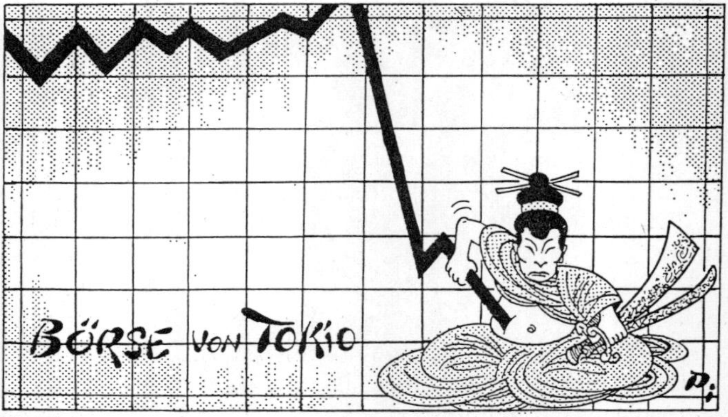

Harakiri

HANDELSBLATT: Pielert

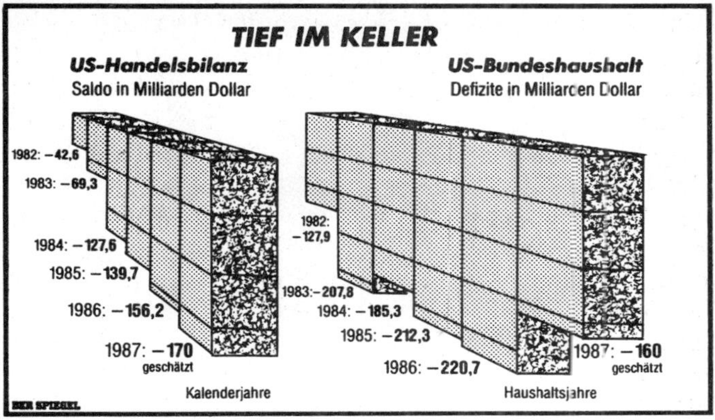

sten, die einen Vergleich mit der Wirtschaftskrise 1929 ablehnen, auf der anderen Seite die als Crash-Propheten verschrienen Pessimisten, die das baldige Ende herannahen sehen.
Zur ersten Gruppe gehört Norbert Fischer, Chef des renommierten Brokerhauses Hornblower und Fischer AG. Norbert Fischer läßt den Vergleich mit dem schwarzen Freitag 1929 nicht gelten. Der wichtigste Unterschied zu damals: Nach dem Börsenkrach vor knapp 60 Jahren versuchten die USA und die europäischen Industrieländer, im Alleingang ihre nationale Wirtschaft und Währung vor dem Kollaps zu retten — durch Abschottung gegenüber dem Ausland und durch eine drastische Drosselung der Geldmenge. Der Welthandel kam zum Erliegen.

Trotz Schuldenkrise der Dritten Welt, hoher Haushalts- und Handelsbilanzdefiziten der Vereinigten Staaten und der Furcht vor steigenden Zinsen und Preisen zeigt die Weltwirtschaft heute dagegen nicht nur eine gesunde Konstitution. Vor allem haben Regierungen und Notenbanken der westlichen Industrienationen ein derart dichtes und umfassendes Netz an gegenseitiger Information

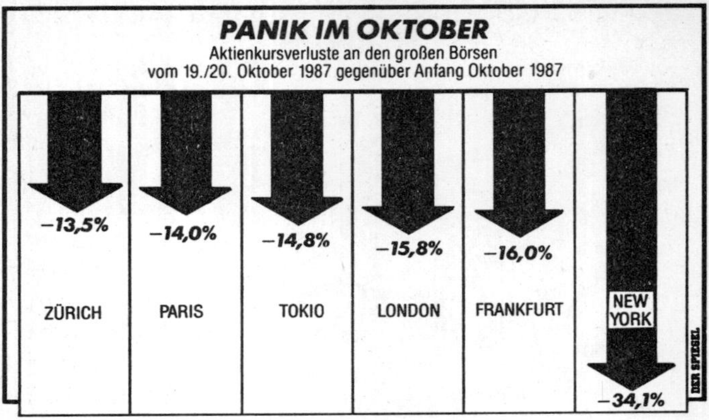

und währungspolitischer Unterstützung gesponnen, daß ein wirtschaftlicher Flächenbrand rechtzeitig erkannt und gemeinsam eingedämmt werden kann. Gleichwohl bestreitet Fischer nicht, daß die Kurskatastrophe ein deutliches Zeichen für die Politiker ist, sich endlich an die Lösung der Finanz- und Schuldenprobleme zu machen.

Eine extrem gegensätzliche Meinung vertritt der US-Wirtschaftskolumnist Paul Erdman, der in seinem Roman »Panic of 89« den ökonomischen Niedergang beschreibt. Auf die Frage der *Stern*-Reporter, ob es schon Anzeichen gebe, die seine These vom bevorstehenden Zusammenbruch untermauerten, antwortete Erdman:
»Die Wachstumsraten in den USA werden kleiner. Das überrascht nicht, denn die derzeitige wirtschaftliche Erholung dauert nun schon seit Oktober 1982 und wird 1988 mehr als 70 Monate alt sein, älter also als jeder Aufschwung zuvor in der amerikanischen Geschichte. Es ist höchst unwahrscheinlich, daß die Wachstumsphase überhaupt so lange anhält, zumal der Aufschwung zu einem großen Teil mit Krediten finanziert wurde. Eine Konjunktur auf Pump währt aber nicht ewig. Sicher sind

uns am Ende nur gewaltige Schulden im Ausland und ein Riesendefizit im Haushalt.«
Auf die Frage nach der Auswirkung der internationalen Schuldenkrise antwortete Erdman: »Wenn aber die Schuldnerländer eines Tages wirklich total pleite sind, bringt das unsere Banken in ungeahnte Schwierigkeiten. Schon jetzt müssen sich viele mit geplatzten Krediten herumplagen. Solange die Wirtschaft in den USA noch einigermaßen floriert, mag das zu verschmerzen sein. Wenn es aber mit dem Wirtschaftswachstum vorbei ist, kommen selbst mächtige Banken in arge Schwierigkeiten. In meinem Szenario trifft es die Bank of America, die zweitgrößte Bank der USA, und zahlreiche kleine Institute, die sich stark in den Entwicklungsländern und im Ölgeschäft engagiert haben. Eine Annahme nur, aber eine sehr realistische.«
Crash oder nicht Crash, das ist die Frage. Bevor wir alle gleich sämtliche Hoffnung verlieren, wollen wir in einem kleinen Rückblick die Vorgeschichte des höllischen Szenarios an der Börse unter die Lupe nehmen. Waren es au-

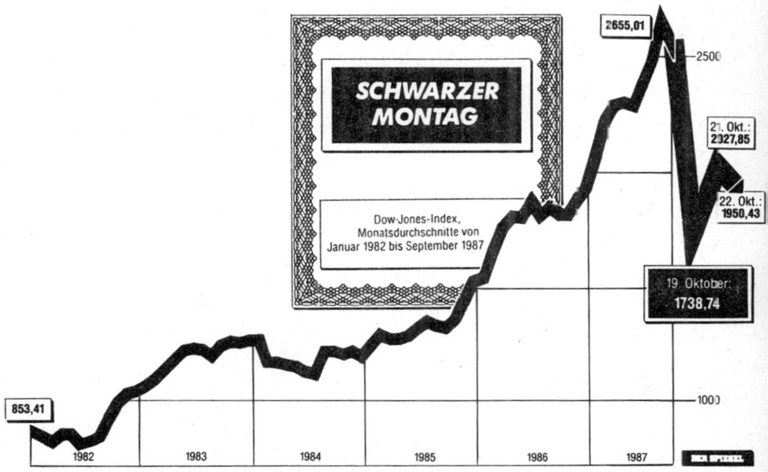

FEDERAL RESERVE NOTE
THE UNITED STATES OF AMERICA
THIS NOTE IS LEGAL TENDER FOR ALL DEBTS, PUBLIC AND PRIVATE
B 73357437 J
WASHINGTON, D.C.
SERIES 1985
ONE DOLLAR
5.10.87
1,844
23.10.87
1,806
28.10.87
1,749
3.11.87
1,705

ßergewöhnliche Entscheidungen oder weltweite Konflikte, die den plötzlichen Kursrutsch auslösten?

Der schwarze Peter wurde dem amerikanischen Finanzminister James Baker zugeschoben, er soll als Auslöser verantwortlich sein. Seinen Äußerungen sei es im wesentlichen mitzuverdanken, daß die Börsen kollabierten. Wirklich?
Der amerikanische Finanzminister hatte der Deutschen Bundesbank den Vorwurf gemacht, sie verletze mit einer Zinsanhebung internationale Währungsabsprachen. Damit verband er gleichzeitig die Drohung, die USA würde sich nicht mehr an das »Louvre-Abkommen« vom 22. Februar halten.
Was ist darunter zu verstehen? Die Finanzminister hatten sich in Paris getroffen, um über das weitere Schicksal des Dollar zu beraten. Dabei wurde, ohne daß konkrete Zahlen an die Öffentlichkeit drangen, eine Verteidigung des Dollarkurses um etwa 1,80 DM vereinbart. Eine Aufkündigung dieses Abkommens hieße, der Dollarkurs könnte sich weiter nach unten bewegen, und die europäischen Märkte, die weitgehend vom Export in die USA abhängig sind, in Mitleidenschaft ziehen.
Von der Deutschen Bundesbank wurden die Ursachen des Zinsanstiegs an die USA zurückverwiesen. Bundesbankpräsident Pöhl machte dem Finanzminister klar, daß ein wesentlicher Grund an den Zinssteigerungen im riesigen Haushaltsdefizit der USA zu suchen sei. Das Loch im Bundeshaushalt wird immer größer, und die USA müssen die ständigen Defizite mit ausländischem Geld stopfen, das nur dann in die USA fließt, wenn die Zinsen entsprechend hoch sind.
Nach den Ereignissen der letzten Wochen traten nun die führenden Politiker und Wirtschaftsexperten der USA unter Präsident Reagan zusammen, um ein weiteres Abstürzen des Dollar zu verhindern und nach Möglichkeiten zu suchen, das Haushaltsdefizit abzubauen.

Währenddessen fiel der Dollar weiter auf 1,73 DM und in der Folge sogar unter 1,70 DM. Die Deutsche Bundesbank hat beim Kurs von 1,73 DM stützend eingegriffen und mehrere Millionen aufgekauft. Ob damit der drohende Kursverfall abgewendet werden kann, wird sich zeigen. Noch 1982 hatten die Wall-Street-Analytiker das Haushaltsdefizit für so börsenschädlich gehalten, daß sie Kursrückschläge prophezeiten. Der Dow-Jones lag damals noch unter 1000 Punkten. Als er 600 Punkte höher geklettert war, wollte niemand mehr Warnungen hören, und die pessimistischsten Skeptiker wechselten mit wehenden Fahnen ins andere Lager über. Als erst einmal die damalige Traumgrenze von 2000 Punkten überschritten war,

Aktienkurse nach dem schwarzen Montag

	Börse	16.Okt.	20.Okt.	Änderung in %
F.A.Z.-Index		613,67	540,90	-11,86
Diese Aktien verloren am meisten:				
ASKO St.A.	Fr.	816	615	-24,63
Massa Vz.A.	Fr.	305	230	-24,59
Gildemeister	Fr.	132	100	-24,24
Berl.Elektro St.A.	Fr.	580	440	-24,14
Hapag Lloyd	Hb.	223	170	-23,77
DOAG Holding	Hb.	230	176	-23,48
Colonia Vers. vb. Nam.A.	Fr.	600	460	-23,33
Rheinmetall Vz.A.	Fr.	298	230	-22,82
GEHE	Fr.	290	225	-22,41
AVA	Dü.	1081	840	-22,29
Bremer Vulkan	Fr.	83,5	65	-22,16
Aach.u.Münch.Beteil.vb.Nam.A.	Fr.	872	680	-22,02
Orenstein & Koppel	Dü.	127,5	100	-21,57
Technocell	Mü.	390	306	-21,54
Diese Aktien konnten sogar zulegen:				
PHYWE	Hn.	38,6	53	+37,31
Wanderer Inh.Vz.A.	Fr.	280	300	+7,14
Diskus Werke	Fr.	80	85	+6,25
Kraftwerk Haag	Mü.	1800	1850	+2,78
Elbschloss-Brauerei	Hb.	328	335,5	+2,29

gab es kaum noch einen Börsenguru, der nicht auch noch die 3000 Punkte für erreichbar hielt.
Das Haushaltsdefizit wurde als unvermeidlich hingenommen, und man spekulierte mit immer neuen Instrumenten, mit neuen Terminvarianten und mit Hilfe der Computer, die schnell Einzug in die Börsensäle der Welt gehalten hatten.

Investmentfonds:
So überstanden sie den Orkan

	15.Okt.	26.Okt.	Verluste in %
F.A.Z.-Index	621,64	510,36	-17,90
Fonds mit Anlageschwerpunkt deutscher Aktien			
Devif-Invest (DG Bank)	105,66	86,05	-18,56
Fondak	65,25	54,11	-17,07
Adifonds	64,96	53,90	-16,92
Adiverba	148,80	124,13	-16,58
Deka-Fonds	48,22	40,29	-16,45
Investa	68,29	57,40	-15,95
Dt. Vermögensbildungfonds A	38,98	32,45	-15,52
Plusfonds	74,86	63,25	-15,51
Concentra	38,21	32,45	-15,07
DIT Wachstums-Fonds	65,74	55,86	-15,03
Thesaurus	238,69	204,13	-14,48
Provesta	88,40	75,85	-14,20
Alfa-Kapital	34,39	30,05	-12,62
FT Franfurter Effekten Fonds	146,84	130,22	-11,32
Unifonds	31,69	28,17	-11,11
DIT-Spezial	67,82	60,88	-10,23
BW-Wartberg	132,38	119,10	-10,03
Fonds mit Anlageschwerpunkt deutscher Aktien und Rentenpapieren			
AriDeka	52,71	44,91	-14,80
Unirak	83,89	71,60	-14,65
Berenberg-Universal	54,49	47,57	-12,70
Südinvest 2	72,80	63,64	-12,58
Fondra	105,73	92,64	-12,38
DIT-Fonds Vermögensbildung	71,21	65,77	-12,20
Magdeburger Wert-Fonds	74,63	67,02	-10,20
GKD-Fonds	71,97	65,77	- 8,61
Aegis-Einkommen Fonds	37,34	34,99	- 6,29
AAR-Universal	147,41	139,28	- 5,52

Ihnen schiebt man einen weiteren Teil der Schuld am schnellen Absturz zu.
Die neue Generation der jungen Broker und Finanzanalytiker, die nie einen Börsenkrach zuvor erlebt hatten, setzen den Computer als Hilfsmittel ein, das nicht nur den Blick in die Zukunft erlauben soll, sondern das auch bei fallenden Kursen automatisch Verkaufssignale auslöst.
Computer können in Sekundenschnelle eine Flut von Kauf- oder Verkaufsorders bewältigen. Allein am schwarzen Montag verbuchte das vollelektronische System an der New York Stock Exchange etwa 600 000 Aufträge, die mehr als 600 Millionen Aktien bewegten.
Computer können einen Kurssturz zwar nicht allein verursachen, sie können eine ins Rollen gekommene Lawine aber kräftig verstärken. Überall auf den Bildschirmen der Investoren und Händler erscheinen weltweit die Kurse der Weltbörsen. Die Reaktionen auf diese Informationen, die Order Aktien zu kaufen oder zu verkaufen, können im Nu verarbeitet und in größerer Zahl durchgeführt werden. Teilweise übernimmt der Computer selbst die Entscheidung, wann verkauft werden soll.
Verkaufsprogramme, die mit sog. »Stop-loss-orders« arbeiten, werden selbständig ausgelöst, ohne daß ein Händler eingreift. Bei Erreichen eines Mindestkurses wird zur Verlustbegrenzung des Anlegers die Aktie zum Verkauf gegeben.
Da alle Computerprogramme die gleichen Informationen zur Verfügung haben und nach ähnlichen Methoden programmiert sind, läßt sich eine einsetzende Verkaufswelle nicht mehr aufhalten: Sobald eine Marke unterschritten wird, verkauft der Computer selbständig, er kann nicht darüber nachdenken, wie sinnvoll in einer solchen Situation ein Verkauf ist. Man hat ihn zwar programmiert, aber man hat den Computer — zum Glück — noch nicht denken gelehrt.
Ein weiterer Faktor, der verantwortlich gemacht wird für den rasenden Sturz nach unten, ist der sog. »Programm-

handel«. Die Börsenaufsichtskommission hat nach der Katastrophe in Wall Street die großen Wertpapierhäuser aufgefordert, diesen Handel einzustellen.

Diese Spielart wird von Benedikt Fehr in der *FAZ* vom 27. 10. 87 folgendermaßen dargestellt:
»Ein Motiv für einen Programmhandel kann zum Beispiel sein, daß ein Fonds-Manager ein Wertpapier-Portefeuille neu übernimmt. Um sich nicht durch die Entscheidungen seines Vorgängers eingeschränkt zu sehen, gibt er spezialisierten Brokern eine Zusammenstellung des übernommenen Portefeuilles und bittet um Kaufgebote. Die Broker haben — oft nur in wenigen Stunden — zu kalkulieren, daß ein schlagartiger Verkauf eines großen Postens von Aktien die Kurse unter Druck setzen kann; ferner gibt es in manchen Portefeuilles schwer zu verkaufende Papiere. Schließlich spielen bei international gestreuten Depots auch Wechselkurs-Risiken eine Rolle. Der neue Manager akzeptiert das beste Gebot und erhält bei Abschluß einen entsprechenden Betrag in bar, den er nun ganz nach seinen eigenen Vorstellungen investieren kann. Bei dieser Spielart des Programmhandels sind in London innerhalb von Stunden Depots im Wert von mehreren hundert Millionen Dollar umgeschlagen worden.«

Völlig gleich, ob es nun einen Schuldigen an der Börsenkatastrophe gibt oder nicht, man kann niemand für etwas verantwortlich machen, wovon man lange Zeit profitiert hat. Die immer wieder zitierte Börsenweisheit »Die Börse ist keine Einbahnstraße« hat, so banal sie auch klingen mag, wieder einmal ihre Richtigkeit bewiesen.
Die Getroffenen werden noch lange ihre Wunden lecken und hoffen, daß ihnen ein weiteres Desaster in dieser Größenordnung erspart bleibt. Eine Versicherung dagegen gibt es nicht, aber Anlagestrategien, die das Risiko begrenzen und auch bei fallenden Kursen Gewinne versprechen.

Unter seltener Einmütigkeit nach unten

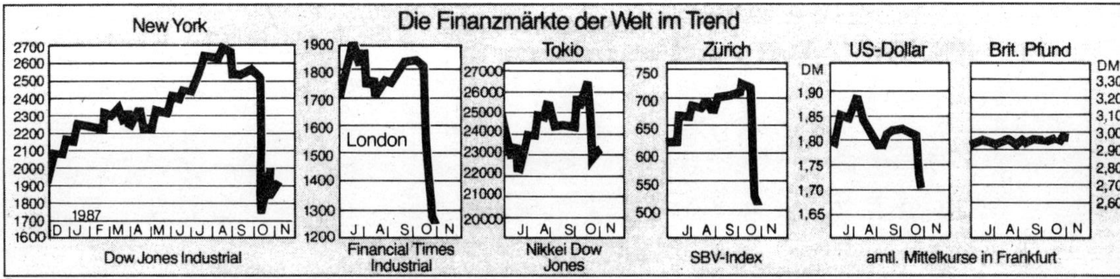

Aktueller Wert		1.945,29	1.269,80	22.629,56	512,60	1,6950	2,9860
Veränd. in %	1 Woche	+ 5,33	− 2,58	+ 2,70	− 1,84	− 2,36	+ 0,03
	1 Monat	− 26,34	− 32,23	− 13,02	− 29,59	− 8,10	− 0,27
	1 Jahr	+ 2,79	− 2,04	+ 35,40	− 22,00	− 17,64	+ 1,95

© Handelsblatt-Grafik

Quelle der Angaben: Westdeutsche Landesbank

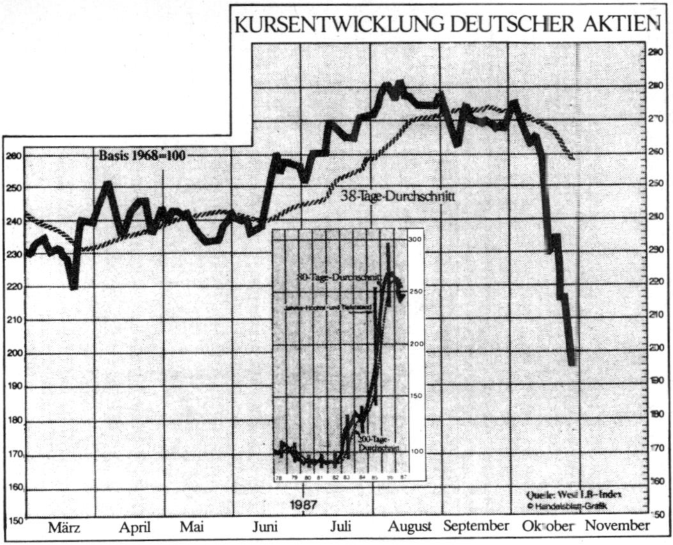

Hören wir zum Abschluß noch einige Stimmen zu den Zukunftsaussichten, die in den unterschiedlichsten Farben gemalt werden:
Roland Leuschel von der Banque Bruxelles Lambert zeigt sich überzeugt, daß »die Börsenhausse, die 1982 begann, noch nicht vorüber ist«. Leuschel sagt für das nächste Jahr einen Dow-Jones-Index von über 3000 Punkten voraus.
Und Robert Prechter, wegen seiner in der Vergangenheit häufig erstaunlich treffsicheren Prognosen an der Wall Street derzeit einer der meistbeachteten Börsengurus, glaubt, daß der US-Aktienindex sogar über 3600 Punkte klettern wird — das ist ungefähr das Doppelte von heute.
Danach allerdings — vor Jahresende 1989 — so Prechter, werde der Dow um rund 90% abstürzen. Dem Crash von 1989 werde eine Depression folgen, die schlimmer sein werde als die nach 1929.

Wie sieht man in der Schweiz die Beziehungen zwischen 1929 und 1987?

Der Gnom aus Zürich

„Gentleman prefer Bonds".
Andrew Mellon

Grüezi mitenand,

„Die Aktienkurse haben einen Stand erreicht, was wie ein permanent hohes Plateau aussieht", prognostizierte Irving Fisher am 15. Oktober 1929. 14 Tage sollte er recht behalten, bevor der Crash des Jahres 1929 am 28. Oktober folgte. Gestern feierten wir das traurige Jubiläum, nur die Jahreszahl mit 1987 hat sich geändert. Und der Crash von 1987 fand diesmal ein paar Tage früher statt. Vergleiche zu 1929 werden heute überall herumgereicht. Jedoch die Hölle kann warten. Denn eine Parallele zur Depression von 1929 bis 32/33 sollte selbst unseren größten Feinden erspart bleiben. Das reale Bruttosozialprodukt fiel in der damaligen Depressions-Phase um 30 %. Die Konsumgüterpreise gingen um 23 % zurück. Die Zahl der Arbeitslosen versiebenfachte sich, jeder 5. Bürger im arbeitsfähigen Alter war 1933 ohne Job. Die Einkommen der Bürger, die noch in Lohn und Brot standen, sanken gleichfalls im Schnitt um 25 %.

Alle Welt beeilt sich heute zu prognostizieren, daß die Geschichte sich nicht wiederholen kann. Dabei sind sicherlich gewisse Probleme nicht von der Hand zu weisen. Nordamerika operiert heute mit immens hohen Haushaltsdefiziten, die 1929 nicht existent waren. Die Verschuldung der Industrie und Privatleute ist gerade in den USA hoch, und sie resultiert nicht zuletzt aus der Gewinnsucht am Aktienmarkt. Die Schulden der Dritten Welt haben die Solvenz der Gläubiger-Staaten und ihrer Bankiers eingeschränkt. Aber auch ein weiterer Faktor hat sich in den letzten 58 Jahren zum Nachteil verändert. Die Welt ist heute ein einziger großer Kapitalmarkt. Jeder erhält die schlechten und guten Nachrichten zum gleichen Zeitpunkt und alle reagieren in die gleiche Richtung. Das führt dazu, daß die Kursausschläge nach beiden Seiten wesentlich extremer geworden sind.

Das technologische Know How unserer Tage hat aber auch dazu geführt, daß Regierungen und Notenbanken schneller handeln können. Seit dem „Schwarzen Montag" am 19. Oktober wird wieder leichteres Geld gemacht. Es ist kein topsecret, sondern ein offenes, Schlagzeilen machendes Geheimnis: Die Welt soll erfahren, daß die Notenbanken als „lender of last resort" zur Stelle sind. Was Not tut, ist, daß es bei diesen einmaligen Verflechtungen der internationalen Aktienmärkte nicht bleibt. Es muß jetzt so viel Liquidität zur Verfügung gestellt werden, damit Geld nicht zur Mangelware wird. Zugleich haben scharf sinkende Renten-Renditen aber auch den Effekt: Die Dividenden-Konkurrenz der Aktie wird damit größer. Hier liegt freilich die Krux für viele Notenbanken. Gewöhnlicherweise fürchten sie immer mehr die Inflation als die Depression. Kein Wunder, das letzte Wirtschaftstrauma ist ja schließlich auch 55 Jahre her. Inflations-Neurosen hatten wir dagegen in der Nachkriegszeit zur Genüge.

Der Börsen-Krach des Jahres 1987 hat die Temperatur in der Weltkonjunktur sinken lassen. Amerikas Wirtschaftswachstum wird wohl um 1 bis 2 % geringer in 1988 ausfallen. Auch woanders sind die Wirtschaftsdaten neu zu berechnen, nach unten zu korrigieren. Die Massenvernichtung des Geldvermögens wird die Konsumbereitschaft schwinden lassen. Die Produzenten von Konsumgütern werden auf die nachlassende Ausgabefreudigkeit mit Sparmaßnahmen reagieren. Diese Spirale ist jetzt in Gang gesetzt und läßt sich nur durch massive Zinssenkungen wieder korrigieren. Somit wird aber auch die Inflationserwartung für 1988 weniger schlecht ausfallen.

Die Weltbörsen proben derweilen ihr Survival-Training. Schnell wußten die Profis, daß auch in den Jahren nach 1929 die Zinsanlage noch immer die beste war. Folgerichtig sanken die Renten-Renditen bereits kräftig, und sie sollten noch ein weiteres Stück abwärts tendieren nach Meinung der großen Gurus. Auch die traditionellen Defensiv-Anlagen werden von Analysten wieder herausgestellt. Das sind Nahrungsmittelwerte (gegessen wird immer), Öl-Aktien (der Verbrauch sinkt wesentlich weniger in einer Konjunkturabkühlung) und Rendite-Aktien (Alternativ-Anlage zu Renten).

Ob der Kurseinbruch der Weltbörsen schon ausgestanden ist, darüber wird lebhaft debattiert. Der Bulle hat viele böse Wunden und Blessuren erlitten. Aus medizinischer Sicht dauert die Heilphase zumeist länger als ein paar Tage. Gewöhnliche Baissen dauern 18 bis 24 Monate, diese ist gerade 2 Monate alt. Ein Wendepunkt wird aber sicherlich aus der „Flucht in Qualität" ausgelöst. Zunächst wird wahllos verkauft, bescheidene Rallies gezündet, und dann gewinnt der Verstand wieder die Oberhand. Die großen weltberühmten Aktiennamen, die genauso unter die Räder kamen wie spekulative Übernahme-Kandidaten, zählten vor wenigen Wochen noch als die solideste Standard-Anlage schlechthin. Dank kontinuierlicher Ertragsfortschritte und solider Bilanzen. Die Massen-Hysterie der letzten Wochen hat an diesen fundamentalen Faktoren nichts geändert. Nur die Börsianer haben statt der rosaroten, zeitweilig die dunkelgetönte Brille aufgesetzt.

Uf Wiederluege

Ob man nun zu den Bullen oder den Bären gehört — etwas Vorsicht hat noch niemandem geschadet. Wie die Geschichte zeigt, ging bisher noch jeder Rezession ein Kurssturz an den Börsen voraus.

Daraus muß nun nicht zwingend abgeleitet werden, daß dem jetzigen Kurssturz sofort eine Rezession folgen müßte.
Der Chef der Deutschen Bank, dessen Aussage wir diesem Buch voranstellten, hat in einem Interview mit dem *Spiegel* eine Meinung geäußert, nach der wir das Schlimmste schon überstanden hätten. Seine Aussagen zum Geschehen:
»Die Märkte waren sehr sensibel geworden. Die Aktienhausse war bereits in ihrem sechsten Jahr. Irgendwann, das war klar, mußte was passieren — die Bäume wachsen nicht in den Himmel. Dann waren da die Gefahren, die von dem US-Haushalts- und Handelsbilanzdefizit ausgehen, die Inflationsfurcht nahm zu, die Zinsen stiegen, das war ein gefährliches Gemisch, da genügte der leiseste Funke, um einen großen Knall auszulösen. Jetzt denken alle Beteiligten darüber nach, ob die Unsicherheit, die Furcht, die sie verspürten, gerechtfertigt war. Und man stellt fest, daß zumindest ein gut Teil davon überzogen war, daß eine Wiederholung von 1929 nicht zu befürchten ist. Die Weltwirtschaft ist in guter Verfassung, die Defizite der USA sind rückläufig.«
Die irrationale Reaktion wird so erklärt:
»Wir haben hier zum erstenmal im großen Maßstab die negativen Folgen der Liberalisierung, Globalisierung und Computerisierung der Finanzmärkte erlebt. Wir sind alle enger zusammengerückt, stärker untereinander verflochten als früher. Wir leben in einem Weltdorf. Das verstärkt die Preisbewegungen nach oben, aber auch nach unten. Wir müssen lernen, besser damit umzugehen. Vor allem die Politiker haben noch nicht begriffen, welch gewaltige Folgen sie mit einzelnen kleinen Maßnahmen oder unbedachten Äußerungen rund um den Erdball auslösen können. Siehe die Quellensteuer von Herrn Stoltenberg oder die bereits erwähnte Bemerkung von Herrn Baker.«
Abschließend gibt Herr Christians einen hoffnungsvollen Ausblick auf das weitere Börsengeschehen:

»In Deutschland hat die Hausse ja schon vor einiger Zeit ihr Ende gefunden. So gesehen haben wir sogar einen Nachholbedarf etwa gegenüber den USA und Japan. Ich bin nicht pessimistisch für die deutsche Börse. Das Jahr 1988 wird besser als 1987.« (*Spiegel*-Interview vom 26. 10. 87)

Auch wenn Sie, liebe Leser, ganz fest daran glauben, daß Herr Christians recht behält, und ich teile mit Ihnen die Hoffnung, sollten Sie die folgenden Seiten nicht überschlagen. Gewinne und Absicherungen selbst bei fallenden Aktienkursen sind auch an deutschen Börsen erreichbar. Es gehört dazu nur wenig Wissen und der Mut, das Erfahrene auch in die Praxis umzusetzen.
Eine lockere Beschreibung der Börse mit all ihren Gefahren stammt von André Kostolany:
»Wie das Wetter oder wie eine schöne Frau ist die Börse kapriziös. Sie versteht es, mit tausend Zauberkunststükken zu schillern, um ihre Beute anzulocken, und in dem Augenblick, wo man es am wenigsten erwartet, zeigt sie einem die kalte Schulter.«
Um Sie für diesen Augenblick mit dem notwendigen Rüstzeug zu versehen, wurde dieses Buch geschrieben.

V Der Dow-Jones-Index

Erklärungen zum Stimmungsbarometer der Weltbörsen

Kein anderer Name tauchte in den vergangenen Wochen so häufig in den Schlagzeilen der Weltpresse auf wie dieser: Dow-Jones. Gebannt verfolgten Heerschaften von Brokern, Händlern und Anlegern seine Entwicklung. Fällt er weiter oder steigt er wieder? war die meistgestellte Frage, die über Millionengewinne oder Millionenverluste entscheiden konnte.
Was verbirgt sich hinter diesem Begriff?
Er ist der wohl populärste Index, das Börsenbarometer, das jeder am Börsengeschehen Beteiligte als erstes anschaut und mit den vergangenen Tagen vergleicht.
Entstanden ist der »Dow«, wie er oft liebevoll genannt wird, im Jahr 1884. Damals kreierte ein Herr namens Charles Dow einen Index für Eisenbahnwerte, der zu der Zeit wichtigsten Aktiengruppe. Drei Jahre später wurde der Dow Jones Industrial Average, wie er mit vollem Namen heißt, aus zwölf Werten errechnet.
Erst 1928 wurde er auf dreißig Werte, eine heute noch gültige Zahl, erweitert. Seine Zusammensetzung hat sich seit dieser Zeit häufig verändert. Viele Firmen, die zu der Zeit zu den bedeutendsten der USA gehörten, verschwanden aus dem Index, neue fanden Eingang. Eine Aktualisierung findet immer dann statt, wenn es die wirtschaftliche Situation erfordert, neue Gesellschaften oder Branchen zu berücksichtigen sind, die bisher unterrepräsentiert waren oder noch nicht im Dow-Jones erschienen.
Derzeit befinden sich folgende Werte im Dow:

Allied Signal	McDonalds
Aluminium Co. of America	Merck
American Expreß	Minnesota Mining & Manufacturing
American Tel. & Tel.	Navistar
Bethlehem Steel	Philip Morris
Boeing	Primerica
Chevron	Procter & Gamble
Coca Cola	Sears Roebuck
Du Pont	Texaco
Eastman Kodak	Union Carbide
Exxon	United Technologies
General Electric	USX
General Motors	Westinghouse Electronic
Goodyear & Tire	Woolworth
IBM	
International Paper	

Da der Index eine Durchschnittszahl ist, bedeutet sein Ansteigen nicht, daß alle darin enthaltenen Aktien Gewinne machen. Vielmehr kann das Wachstum sehr unterschiedlich sein. Die Bedeutung als Gradmesser der Börsenentwicklung hängt weniger von der Anzahl, als vielmehr von der Auswahl der darin enthaltenen Titel ab.
Der folgende »Brief aus Wall Street« erschien unter dem Titel »Dow-Jones-Rechenspiele« in der *FAZ*, als die Börsenwelt noch in Ordnung war.

Brief aus Wall Street

Dow-Jones-Rechenspiele

Letzte Woche feierte die Wall Street ein in ihrer Geschichte einmaliges Ereignis. Noch nie ist der Dow-Jones-Index in einem Fünfjahreszeitraum um fast 250 Prozent, das heißt 28 Prozent im Jahr, gestiegen. In den letzten sechzig Jahren stieg die Börse im Durchschnitt um 10 Prozent jährlich. Auf die Frage, was werden die nächsten fünf Jahre bringen, gibt es folgende, nicht nur theoretische Überlegungen:

Extrapoliert man die Entwicklung seit 1982 auch für die kommenden fünf Jahre, so bedeutet dies für August 1992 einen Dow-Jones-Index von 9292. Diese Zahl mag aus heutiger Sicht utopisch erscheinen; vor fünf Jahren hätte die Prognose, daß der Index von damals 777 auf heute 2685 steigen würde, jedoch genauso unglaubwürdig geklungen.

Erreichte der Dow-Jones-Index 1966 zum ersten Mal die 1000-Marke, so dauerte es jedoch fast siebzehn Jahre, bevor diese „magische" Grenze Ende 1982 erfolgreich überwunden wurde. Seit seinem Beginn im Jahr 1885 blieb der Dow-Jones-Index 102 Jahre lang unterhalb der 1000-Marke. In weniger als fünf Jahren wurde jedoch die 2000-Marke im Januar dieses Jahres erfolgreich durchbrochen. Die Dreitausender-Hürde liegt seit letzter Woche in greifbarer Nähe.

Ein Indexanstieg auf 9292 in den nächsten fünf Jahren ist auch aus statistischer Sicht keinesfalls zu anspruchsvoll. Nimmt man 1966 als Ausgangspunkt und legt den langjährigen Durchschnitt von 10 Prozent Anstieg im Jahr zugrunde, so hätte der Index von damals 1000 bereits heute 7750 erreichen müssen und würde bis August 1992 sogar auf 12500 steigen. Ein Index von 9292 in fünf Jahren würde dagegen im Jahresdurchschnitt (zurückberechnet auf 1966) einen jährlichen Anstieg von rund 8,75 Prozent bedeuten und damit unter dem langjährigen Durchschnitt liegen.

Diese Überlegungen sind für den über siebzigjährigen John Templeton – viele nennen ihn den „Papst" der Anlagestrategen – keinesfalls nur theoretischer Natur. Seit 47 Jahren im Anlagegeschäft tätig, stiegen seine Fonds seit über dreißig Jahren um 15 Prozent im Jahr. Seine Anlagestrategie ist seit langem international ausgerichtet. Sein Fondsvermögen beträgt inzwischen fast 7 Milliarden Dollar.

Templeton war einer der ganz wenigen, die bereits vor Jahren ein Niveau von 3000 für den Dow-Jones-Index in diesem Jahrzehnt voraussagten. Das attraktivste Anlageland sind für ihn derzeit die Vereinigten Staaten. Zwei Drittel seines Portefeuilles sind hier angelegt. Dies ist der höchste Prozentsatz seit Jahren. Japanische Aktien dagegen hat er alle verkauft. Das Kurs-Gewinn-Verhältnis ist ihm dort zu hoch. Die deutlich steigenden Unternehmensgewinne in den Vereinigten Staaten sind Grund für seinen Optimismus. In den nächsten Jahren werden sich seines Erachtens die Kurs-Gewinn-Verhältnisse der Börsen von Tokio und New York treffen. Dies bedeutet entweder einen völligen Zusammenbruch in Tokio oder einen weiteren dramatischen Anstieg in New York. Templeton ist offensichtlich Optimist und glaubt nicht an die „Crash-Theorie".

Mit Blick auf die Inflationsentwicklung rechnet Templeton jedoch mit einem deutlichen Anstieg von den durchschnittlich 3,5 Prozent der letzten fünf Jahre. Als besonders attraktiv nennt er Aktien im Finanzbereich. Die Lebensversicherungsgesellschaft Aetna-Life und das Brokerhaus Merrill Lynch sind derzeit seine Favoriten. Angst vor einer Baisse hat er nicht. Eine Kurskorrektur würde seines Erachtens maximal 30 Prozent Verluste einbringen, jedoch den langjährigen Börsenaufschwung nur temporär unterbrechen.

Auch aus anderen Überlegungen erscheint ein weiterer deutlicher Index-Anstieg nicht ausgeschlossen. Vergleicht man die Börsengewinne der letzten fünf Jahre mit Alternativanlagen der siebziger Jahre, so stiegen Öl, Gold und Münzen prozentual im Jahr deutlich mehr. Auch Briefmarken und chinesische Vasen schlossen mit knapp 25 Prozent im Jahr nicht schlecht ab.

Der langjährige Anlageerfolg von John Templeton wurde in den letzten fünf Jahren von einigen jüngeren Konkurrenten sogar erheblich übertroffen. Peter Lynch, vom Fidelity Magellan Fund, erzielte in diesem Zeitraum einen Anstieg von 367 Prozent, und das bei einem Fonds von fast 11 Milliarden Dollar. Noch erfolgreicher war Stephan ▶

Silverman von Merrill Lynch, der auf fast 500 Prozent kam. Warren Buffett, Altmeister unter den Strategen, erzielte sogar 750 Prozent. Damit verglichen erscheinen 9292, also ein Anstieg von „lediglich“ 250 Prozent, als Zielgröße innerhalb der nächsten fünf Jahre relativ bescheiden. Bedenkt man, daß für ein van-Gogh-Bild in diesem Jahr die Rekordsumme von 40 Millionen Dollar bezahlt wurde und ein antiker Stuhl ohne Polsterung fast 3 Millionen Dollar erreichte, so weist die Wall Street noch etliches Potential auf. Vor zehn Jahren konnte man einen Börsensitz noch für 35000 Dollar ersteigern, dieses Jahr wurden 1 Million Dollar bezahlt – eine fast 30fache Steigerung.

Weitaus erfolgloser war dagegen der in den siebziger Jahren bekannt gewordene Anlage-Guru, Joe Granville. In den letzten vier Jahren verloren seine Anleger fast 25 Prozent.

Wie immer sich die nächsten fünf Jahre entwickeln, sie versprechen alles andere als langweilig zu werden.

Ihr H.T.

Wer sich mehr für die statistische Entwicklung interessiert, wird in dem folgenden Artikel aus der *FAZ* mit Zahlenmaterial versorgt.

Brief aus Wall Street

Fünf Jahre später

Diese Woche feiert die Wall Street ein in ihrer Geschichte einmaliges Jubiläum. Am 11. August 1982 fiel der Dow-Jones-Index auf 777. Die Vereinigten Staaten befanden sich wie der Rest der Welt mitten in einer Rezession. Die Prime-Rate lag bei 14 Prozent, und die Arbeitslosigkeit stieg auf über 10 Prozent. Präsident Reagans Bemühungen, eine neue wirtschaftsordnung – bekannt unter dem Namen Angebotstheorie – einzuführen, schien zum Scheitern verurteilt. Kurz gesagt, Pessimismus war „in“ und Optimismus war „out“. Selten macht die Börse jedoch das, was die Mehrheit erwartet. Just am 12. August vor 5 Jahren begann die größte und längste Hausse in der Geschichte der Wall Street. Der Dow-Jones-Index stieg ohne wesentliche Korrekturen – die größte und einzige von ewa 15 Prozent gab es im ersten Halbjahr 1984 – um 235 Prozent.

Waren die siebziger Jahre das Jahrzehnt der Sachwerte, so werden die achtziger Jahre als ein Jahrzehnt der Finanzanlagen in die Geschichte eingehen. Nicht nur in den Vereinigten Staaten, sondern weltweit begann damals eine Börsenhausse. Auch i Deutshland stieg der FAZ-Index um über 200 Prozent, ebenso die Indices i Tokio und London. Die Börsenkapitulierung aller notierten Werte stieg in den Vereinigten Staate um fast 2 Billionen Dollar. Dies ist fast doppelt so viel wie die Fremdverschuldung der Entwicklungsländer, oder fast ähnlich hoch wie die Gesamtverschuldung des amerikanischen Staate seit seiner Gründung vor 211 Jahren.

Drei Monate nach Beginn dieser Hausse endete auch die Rezessin. Der seitdem andauernde Wirtschaftsaufschwung wird in wenigen Wochen die längste rezessionsfreie Wachstumsphase in Friedenszeiten in der amerikanischen Geschichte sein. Kaum jemand wagte, diese dramatische Börsenentwicklung vorauszusagen. Nicht jeder, der seit Beginn dieser Hausse investiert hat,kann jedoch mit Stolz auf beachtliche Gewinne zurückschauen.

Wie die nachstehende Tabelle zeigt, war der Kursverlauf der 30-Dow-Jones-Werte recht unterschiedlich. Stieg der Index seit dem 11. August 1982 um 235 Prozent, was etwa 27 Prozent pro Jahr entspricht, so erreichten 16 der 30 Werte diesen Durchschnitt nicht. 11 dagegen übertrafen dieses Ergebnis teilweise erheblich. Der große Verlierer war der Stahlbereich. Hier gab es mit Bethlehem Steel nur einen Kursgewinn von 13 Prozent in den fast 5 Jahren. Die Gewinner waren die Kaufhauskette Woolworth mit 550 Prozent Kursgewinn, gefolgt vom Pharmaunternehmen Merck und dem Investitionsgüterhaus Westighouse Elektrik sowie der Tabakgesellschaft Philip Morris und Coca Cola. Die besten fünf Gesellschaften allein betrachtet ergäben einen Dow-Jones-Index von 4064 anstatt 2592 letzten Freitag, die fünf schlechtesten dagegen hätten beim Index einen Anstieg auf lediglich 1395 bewirkt. Daraus zu schließen, daß die ersten fünf auch in den nächsten fünf Jahren zu den besten gehören werden, wird in der Börsengeschichte nicht bestätigt – häufig wares gerade die Verlierer, die zu den Gewinnern avancierten. Aber auch diese Schlußfolgerung wäre zu einfach, sonst gäbe es weit mehr Börsenmillionäre.

Die folgende Tabelle berücksichtigt in dem Kursvergleich die seit August 1982 erfolgten Aktiensplits, hiervon wurden immerhin 16 der 30 Unternehmen betroffen. Ferner wurden die Quotierungen auf ganze Zahlen auf- oder abgerundet. Dadurch stimmt der prozentuale Kursanstieg nicht vollkommen mit den angegebenen Daten überein.

Dow-Jones-Werte	11. 8. 1982	7. 8. 1987	Anstieg in Prozent
Allied Signal	18	47	150
Alum. Co. Amer.	23	59	150
American Express	9	37	310
AT & T	15	34	125
Bethlehem Steel	15	17	13
Boeing	17	51	200
Coca Cola	12	49	320
Du Pont	30	128	320
Eastman Kodak	48	96	100
Exxon	25	95	275
GE General Electric	16	60	280
GM General Motors	39	87	125
Goodyear Tires	22	73	235
IBM	62	164	160
Int. Papier	18	53	190
McDonalds	14	57	300
Merck	33	192	480
MMM	26	76	195
Navistar	4	8	90
Philip Morris	23	99	330
Primerica	13	48	250
Procter & Gamble	42	97	130
Sears	13	55	205
Texaco	25	55	75
Union Carbide	8	29	245
USX	17	37	120
United Technologies	20	57	190
Westinghouse	13	69	425
Woolworth	9	56	560
Dow-Jones-Index:	777	2592	235

Die obige Tabelle betrachtet lediglich Kursgewinne und berücksichtigt nicht Dividendenzahlungen. Gold war übrigens in den letzten Fünf Jahren eine wenig attraktive Anlagealternative. Hier betrug der Kursanstieg knapp 30 Prozent und damit lediglich 5 Prozent pro Jahr. Für den deutschen Anleger wird das Gesamtergebnis durch den Dollarrückgang – von DM 2,52 auf DM 1,89 – sichtbar beeinträchtigt. Der Dow-Jones-Anstieg beträgt währungsbereinigt 150 Prozent. Beim Gold gab es sogar umgerechnet auf DM-Basis Kursverluste von 3 Prozent.

Die Frage, wie geht es weiter, ist viel zu wichtigt, als nur mit einem Satz beantwortet zu werden. Daher ein Prosit – natürlich mit kalifornischem Champagner, zur Stützung der amerikanischen Handelsbilanz – bis auf die letzten fünf Jahre.

Vom schwarzen Freitag zum schwarzen Montag

Dow-Jones-Index von 1925 bis 1987

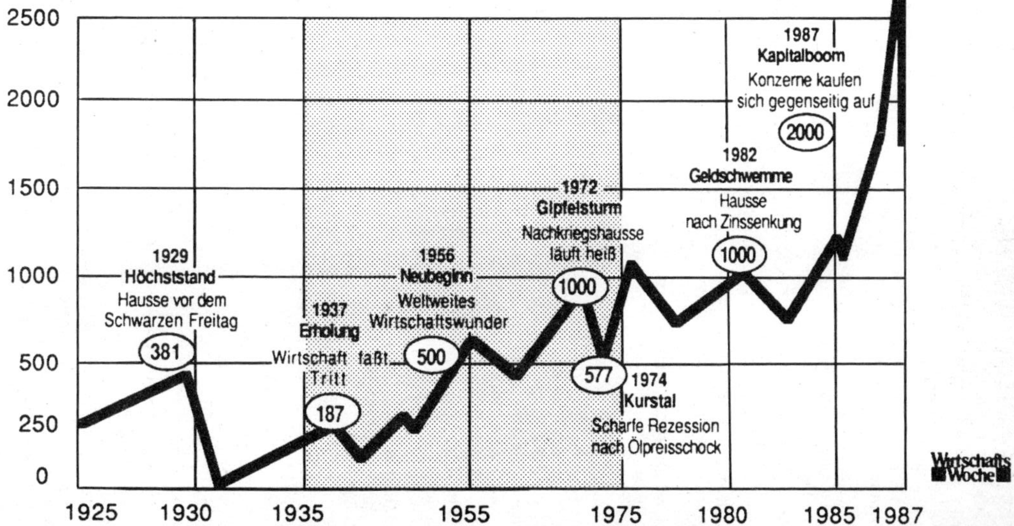

VI Fallende Kurse – Kein Grund zur Panik

»Die beiden schwersten Sachen an der Börse sind, einen Verlust hinzunehmen und einen kleinen Profit nicht zu realisieren. Am schwersten aber ist es, eine selbständige Meinung zu haben, das Gegenteil von dem zu machen, was die Mehrheit tut.«

Wie schwierig es ist, sich dem allgemeinen Trend zu entziehen und eine eigene Strategie zur Sicherung der Aktienbestände und zum erfolgreichen Aktienkauf zu entwickeln, zeigten die letzten Wochen.
Zwei Tage nach dem Kurssturz, als auch die deutschen Aktien beträchtlich in Mitleidenschaft gezogen worden waren und nach Ansicht vieler Experten einen attraktiven Einstiegskurs erreicht hatten, klagten die Banken und Sparkassen über eine Auftragsflut von Kleinanlegern, welche die Zeit für einen Kauf als günstig betrachteten.
Etwa eine Woche später, als sich der Optimismus als verfrüht herausstellte, weil der Dollarkurs einen Tiefststand von 1,73 DM erreichte und die Weltbörsen immer noch unsicher und nervös reagierten, wurde eine ähnliche Klage laut: Nun mußten die Börsenzeiten verlängert werden, weil wieder eine Auftragsflut von Kleinanlegern zu bewältigen war.
Dieses Mal hatten viele, die vor einer Woche gekauft hatten, plötzlich kalte Füße bekommen und wollten sich schnell wieder von ihren Papieren trennen. Sicherlich nicht mit Gewinn!
Verkaufen oder halten? Die schwierigste Entscheidung für einen Aktionär steht an, wenn er sich nach gestiege-

nen Kursen von seinen Papieren trennen will, aber nicht weiß, ob in den folgenden Tagen die Kurse nicht doch noch steigen werden, so daß sein Gewinn noch höher ausfallen könnte.
Psychologisch einfacher zu bewältigen sollte die umgekehrte Situation sein. Nur wer bei fallenden Kursen einsteigt, kann bei steigenden Kursen wieder aussteigen! Auch das ist wieder eine altbekannte Börsenweisheit, die, wie so viele, einfach ausdrückt, was in der Praxis für manche Kleinanleger schwierig zu verwirklichen ist.
Es ist sehr begrüßenswert, wenn viele Kleinanleger die Gunst der Stunde erkennen und die gefallenen Kurse zum Einstieg nutzen. Völlig unverständlich ist dagegen der sofortige Ausstieg, wenn die Kurse immer noch nachgeben. Wer sich einmal für eine Richtung entschieden hat, darf nicht innerhalb weniger Tage seine Meinung grundlegend ändern. Wer vor vier Tagen noch der Überzeugung war, die wirtschaftlichen Rahmendaten rechtfertigen einen solchen Kurssturz nicht — eine Ansicht, die von Politikern und Wirtschaftswissenschaftlern immer wieder vertreten wurde —, kann nicht plötzlich das Gegenteil verkünden. Ein solcher Meinungsumschwung kostet Lehrgeld!
Wäre es nun nicht geschickter, im fallenden Markt mit Hilfe von Staffellimits ein Depot aufzubauen, das aufgrund des erreichten Durchschnittseinstiegspreises einen finanziellen Erfolg verspricht?
In der Praxis hieße dieses Vorgehen, Sie geben Ihrer Bank mehrere Kaufaufträge mit unterschiedlichen Limits. Je niedriger der Kurs sinkt, um so mehr Aktien einer Gesellschaft werden erworben.

Beispiel:

Sie wollen Bayer-Aktien erwerben, die am 16. 10. 87 noch rund 355,— DM kosteten.
Am 21. 10. 87 ist der Kurs auf 327,50 gefallen. Sie glauben an weitere Kursrückgänge und geben folgende Kaufaufträge:

10 Stück zu 310,— DM
20 Stück zu 300,— DM
30 Stück zu 290,— DM
40 Stück zu 280,— DM
50 Stück zu 270,— DM

Am 28. 10. 1987 wird der Kurs der Bayer-Aktie mit 285,50 DM notiert, doch der Kursverfall hält weiter an. Einen Tag später sehen Sie im Kurszettel den Kurs von 270,— DM und kommen mit Ihren Kaufaufträgen zum Zug.
Wenn Sie diese Hinweise lesen, werden die Kurse der Bayer-Aktie, von denen wir hier ausgehen, sicher überholt sein. Das ändert nichts an der Vorgehensweise. Auch bei weiter fallenden Kursen sollten Sie sich ein kleines Stückchen Zuversicht bewahren!

»Die massenpsychologischen Reaktionen sind an der Börse wie im Theater: Einer gähnt, und in kürzester Zeit gähnt jeder. Einer hustet, hustet sofort der ganze Saal.«
Wer sich solchen Reaktionen entziehen will, braucht Mut und Entscheidungsvermögen. Die Börse wird oft mit einer Spielbank verglichen, der Spekulant mit einem Roulettespieler. Ein Vergleich, der vielleicht in den letzten Wochen zutraf, als die Börsensäle überkochten.

In »normalen« Börsenzeiten unterscheidet sich der Einsatz an der Börse ganz gewaltig von einem Spielchen am Roulettetisch. Der Ausdruck »Spekulant«, der in weiten Kreisen der Bevölkerung ein schlechtes Image genießt, drückt nichts anderes aus als die Hoffnung, eine Ware billig einzukaufen, um sie später wieder teurer verkaufen zu können.
Handelt nicht jeder Kaufmann nach dieser Maxime? Nur mit vernünftigen Entscheidungen, Mut zum Risiko und einem klaren Kopf lassen sich an der Börse Gewinne erzielen. Ein Spieler dagegen riskiert an der Spielbank Kopf

und Kragen. Ihn einen Spekulanten zu nennen, bedeutet eine Herabsetzung des Wertpapierbesitzers, der mit seinen Aktien dazu beiträgt, daß die Wirtschaft floriert, neue Gesellschaften auf den Markt kommen und die Kapitalbasis kleiner Unternehmungen gestärkt wird.
Wenn Sie gute Nerven haben und ein entgangener Gewinn Ihnen Hoffnung auf einen noch größeren in ungewisser Zukunft macht, können Sie abwarten. Sind Sie ein vorsichtiger Anleger und können Sie sich als Börsenanfänger auch über einen kleinen Gewinn freuen, werden Sie eine Sicherung in ihren Wertpapierbestand einbauen.
Im Börsenjargon nennt man das »Stop-loss-Marken-setzen«. Diese Bezeichnung drückt aus, daß Sie bei einem bestimmten Kurs Ihrer Bank den Auftrag geben, einen Teil oder alle Ihre Aktien zu verkaufen.
Gehen wir davon aus, daß Sie mit dem Staffellimit einen guten Durchschnittswert beim Kauf der Bayer-Aktien erzielt haben. Sie wollen nun die — hoffentlich einsetzenden — Kursanstiege zu einem Ausstieg nutzen, ohne gleich alle Aktien auf einmal wieder aus der Hand zu geben.

Dafür gibt es zwei Wege:

Sie setzen sich z.B. »Stop-loss-Marken« bei den Kursen 300,— DM und 320,— DM und wollen bei Erreichen dieser Kurse die Aktien je zur Hälfte wieder verkaufen.
Was nach Erreichen dieser Kurse am Aktienmarkt geschieht, sollte Sie nach dem Verkauf zunächst nicht interessieren, denn nur realisierte Gewinne sind tatsächlich Gewinne. Wenn Sie einem höheren Kurs nachtrauern, den Sie vielleicht doch noch hätten erzielen können, bringt Ihnen das keine müde Mark mehr auf die Hand.
»Stop-loss-Marken«, die von Banken und Sparkassen nicht überwacht werden, müssen vom Aktionär selbst beachtet und in die Tat, den Verkaufsauftrag, umgesetzt werden. Viele Börseninformationsdienste geben in Chartanalysen Hinweise für solche Entscheidungen. Ausführen muß sie der Aktionär jedoch selbst.

Der zweite Weg:

Ähnlich wie beim Kauf können Sie beim Verkauf einen besseren Durchschnittspreis erzielen, wenn Sie sich sogenannte »Treppenlimits« (= Staffellimits) setzen. Je höher der Kurs steigt, um so mehr Aktien bieten Sie zum Verkauf an, nach der Devise: »Was man hat, kann einem niemand mehr nehmen!«

Sie gehen nun einfach den umgekehrten Weg und verkaufen Ihre erworbenen Bayer-Aktien nach folgendem Schema:

Kurs 270,— DM	10 Stück =	2 700,— DM
Kurs 280,— DM	20 Stück =	5 600,— DM
Kurs 290,— DM	30 Stück =	8 700,— DM
Kurs 300,— DM	40 Stück =	12 000,— DM
Kurs 310,— DM	50 Stück =	15 500,— DM
	150 Stück =	44 500,— DM Gesamterlös

Der erzielte Durchschnittsverkaufspreis beträgt 296,66 DM.

Hätten Sie gewartet, bis der Kurs 310,— DM erreicht hätte, wäre der Gesamtertrag, 150 × 310,— DM = 46 500,— DM, nur 2000,— DM höher gewesen (Spesen nicht berücksichtigt). Ob Sie für diesen Betrag ein möglicherweise wochenlanges Hoffen und Bangen bis zum Erreichen des Höchstbetrages von 310,— DM in Kauf nehmen wollen, bleibt Ihrer Nervenstärke und Ihrem Entscheidungsvermögen überlassen.

Sicherlich wollen Sie nun auch noch wissen, was dieses Vorgehen für Sie an Gewinn gebracht hätte. Zurück zu unseren Einstiegspreisen! Wir haben gekauft:

zum Kurs von 310,— DM	10 Stück =	3 100,— DM
zum Kurs von 300,— DM	20 Stück =	6 000,— DM
zum Kurs von 290,— DM	30 Stück =	8 700,— DM
zum Kurs von 280,— DM	40 Stück =	11 200,— DM
zum Kurs von 270,— DM	50 Stück =	13 500,— DM
	150 Stück =	42 500,— DM

Unser Gesamteinsatz bei diesen Käufen betrug insgesamt 42 500,— DM, an realisierten Gewinnen haben wir 2000,— DM erlöst.
Bezogen auf unseren Einsatz von 42 500,— DM ein Gewinn von 4,7 % ohne die Berücksichtigung der Spesen.
Sicherlich keine Zahlen, die einen Spekulanten zum Jubeln verleiten, aber lieber den Spatz in der Hand als die Taube auf dem Dach!
Wer mit vollem Risiko fahren will, kann beim Verkauf auf solche Limits verzichten und auf den für ihn akzeptablen Ausstiegskurs warten. Wie schwer ein Ausstieg fällt, wenn die Kurse erst einmal anziehen und man jeden Tag darauf hofft, noch ein bißchen reicher zu werden, kann jeder Aktionär nachempfinden.

VII Anlagestrategien für die Baisse

1. Der Aufbau eines Portefeuilles

»Eine kluge Frau sollte einen Baissespekulanten in Reserve haben. Dann ist ihr Wohlergehen für alle Zeiten gesichert.«

Wer sich für eine Anlage in Wertpapieren entscheidet, sollte sich vorher über seine Anlageziele im klaren sein. Grundsätzlich lassen sich drei Hauptanlageziele unterscheiden:

1. Die Erzielung eines bestimmten Ertrages oder einer erwünschten Rendite
2. Das Streben nach finanzieller Sicherheit
   (Jede Anlageentscheidung ist in die Zukunft gerichtet, und daher handelt jeder Kapitalanleger zum Zeitpunkt der Anlageentscheidung unter Unsicherheit)
3. Das Streben nach Liquidität
   (Unter der Liquidität einer Kapitalanlage verstehen wir die Eigenschaft, sie möglichst schnell wieder in Bargeld umtauschen zu können.)

Die Problematik dieses Zielkatalogs besteht in ihrer gegenseitigen Konkurrenz. Nicht alle Wünsche können auf einmal verwirklicht werden. Das Kapital auf dem Sparbuch angelegt ist zwar völlig sicher, es wirft aber nicht soviel ab wie festverzinsliche Wertpapiere oder Aktien. In den vergangenen Jahren war dies jedenfalls so, denn mit Standardpapieren konnten mühelos Renditen zwischen 4 % und 6 % erzielt werden.
Welches dieser drei Ziele für den Anleger Vorrang hat, ist

von der individuellen Anlagesituation abhängig. Er wird sich fragen:

- Welche Anlagestrategie entspricht meiner Vermögenslage?
- Wieviel Kapital steht mir zur Anlage zur Verfügung?
- Will ich risikoscheu oder risikofreudig anlegen?

Da wir uns damit beschäftigen wollen, insbesondere die Aktienbesitzer über Möglichkeiten zur Gewinnabsicherung und Gewinnerzielung bei fallenden Kursen anzusprechen, beschränken wir unsere Auswahl auf Aktien, Optionsscheine und Optionen.
Wie sollte bei der Zusammenstellung eines Wertpapier-Portfolios vorgegangen werden?
Beginnen wir unsere Betrachtungsweise mit Aktien. Die Ereignisse der letzten Wochen haben jedem Anleger die Beziehung zwischen Ertrag und Sicherheit bzw. Gewinn und Risiko verdeutlicht.
Sicherheit und Ertrag verhalten sich in der Regel gegenläufig, d.h. je größer die Sicherheit, um so geringer der Ertrag: siehe Sparbuch. Größere Gewinnchancen bringen immer ein erhöhtes Risiko mit sich: siehe Aktien.

Stellt man diese Beziehung gegenüber, ergibt sich folgendes Bild:

Geringer Ertrag, hohe Sicherheit	Sparbuch, Anlagen mit gesetzlicher Kündigungsfrist
Steigender Ertrag, abnehmende Sicherheit	Festverzinsliche Wertpapiere
Hohe Ertragschancen, steigendes Risiko	Aktien, Optionsscheine
Größte Gewinnchancen, aber auch größtes Risiko	Optionen

Die Theorie der Portfolio-Selektion (eine wissenschaftliche Betrachtungsweise, die hier sehr vereinfacht und leicht verständlich wiedergegeben wird) betrachtet den Ertrag einer Anlage als eine Funktion ihres Risikos. Ein Anleger sollte darauf achten, daß bei einem gegebenen Risikofaktor der Ertrag seiner Wertpapiermischung, seines Portefeuilles, maximiert wird, d.h. es gibt keine andere Zusammensetzung, die bei gleichem Risiko einen höheren Ertrag erzielt.

Wie sollte dabei vorgegangen werden?

Als ersten Gesichtspunkt wird man die Entwicklung an den verschiedenen Börsenplätzen der Welt untersuchen und vergleichen. Eine solche Gesamtmarktanalyse wird sich nach den Ergebnissen der letzten Monate richten, viel mehr aber noch nach den Börsenplätzen Ausschau halten, die aufgrund ihrer volkswirtschaftlichen Situation den größten Zuwachs versprechen.

In der Vergangenheit waren die Börsen in Fernost oft als »heißer Tip« genannt worden. Hongkong, Sydney und Tokio hatten zwar kräftige Kurssprünge nach oben hinter sich gebracht, sie wurden dafür aber auch am kräftigsten gebeutelt, als es plötzlich abwärts ging. Die Madrider Börse oder die kleine Börse in Portugal erscheinen immer wieder als vielversprechende Anlagealternativen.

Deutlich wird im folgenden Schaubild des Handelsblattes, daß sich die Weltbörsen nie im Gleichschritt bewegen, weder nach oben noch nach unten. Eine Streuung von Wertpapieren mehrerer Länder kann preisregulierend für ein Gesamtdepot wirken.

Notwendige Voraussetzung für die Zusammensetzung eines internationalen Depots ist das Studium der Wirtschaftspresse und mehrerer Informationsdienste, die auf erfolgversprechende Entwicklungen in verschiedenen Ländern hinweisen.

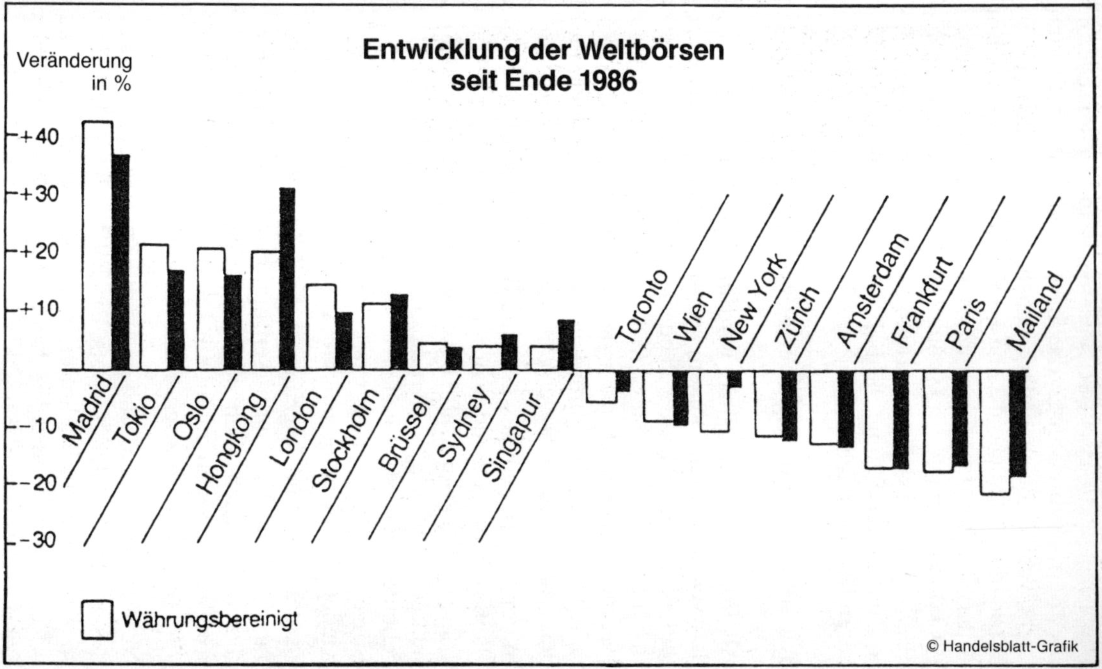
Entwicklung der Weltbörsen
seit Ende 1986
Veränderung
in %
+40
+30
+20
+10
−10
−20
−30
Madrid
Tokio
Oslo
Hongkong
London
Stockholm
Brüssel
Sydney
Singapur
Toronto
Wien
New York
Zürich
Amsterdam
Frankfurt
Paris
Mailand
Währungsbereinigt
© Handelsblatt-Grafik

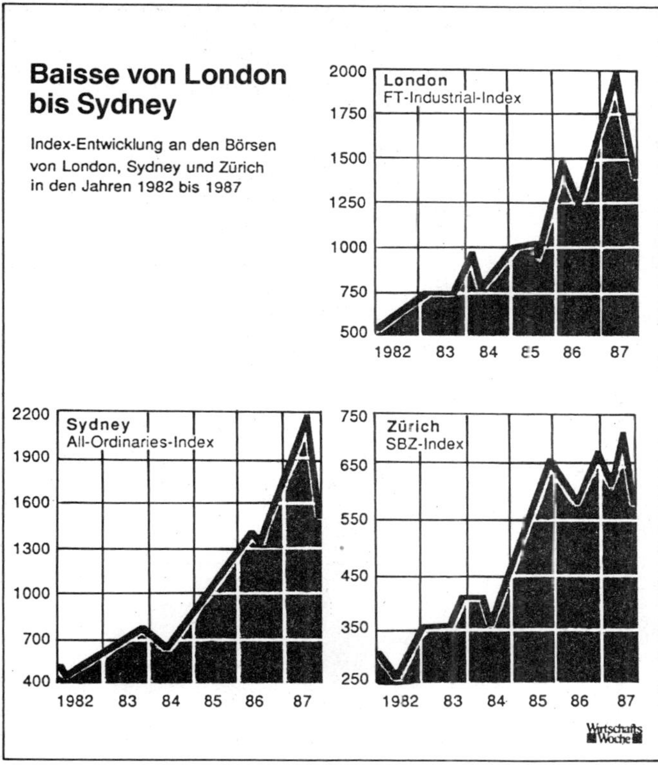

Der zweite Schritt zur Risikostreuung und Risikobegrenzung wird eine Branchenanalyse sein. Es geht nun darum, innerhalb eines bestimmten Landes die Branche herauszufinden, welche die größten Kurschancen besitzt.
Zwei Möglichkeiten bieten sich dazu an:

- Wir untersuchen die Branchenindizes und setzen sie ins Verhältnis zum Gesamtindex.
- Wir nehmen eine Bewertung der Branchenerwartungen für die zukünftigen konjunkturellen Chancen vor.

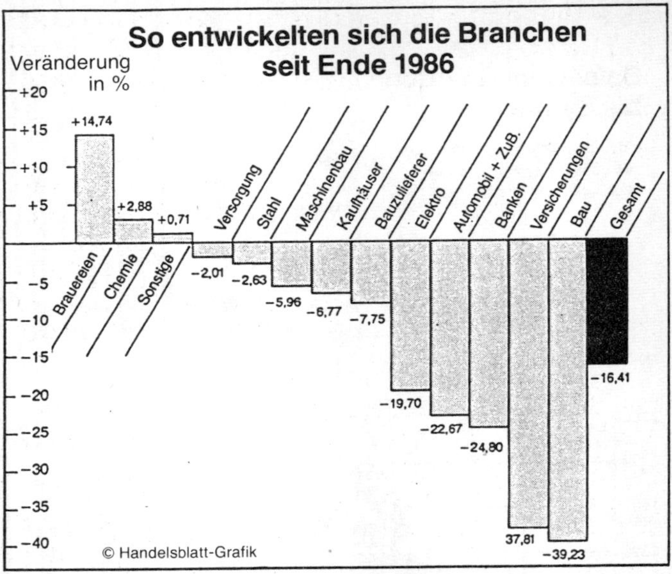

Scharfer Schnitt

Kennzahlen deutscher Standardwerte vor und nach dem Kurssturz

Gesellschaft	Kurs 14. Okt. 87	Kurs 30. Okt. 87	Dividenden-Rendite (%) 14. Okt. 87	Dividenden-Rendite (%) 30. Okt. 87	Kurs/Gewinn-Verhältnis 14. Okt. 87	Kurs/Gewinn-Verhältnis 30. Okt. 87
Allianz	1950,–	1075,–	0,6	1,1	65,0	35,8
Bayer	367,50	271,50	2,7	3,7	9,1	6,7
BMW	729,–	485,–	1,7	2,6	19,4	12,9
Continental	330,–	232,–	2,1	3,0	11,6	8,1
Daimler-Benz	1048,–	765,–	1,1	1,6	13,2	9,7
Deutsche Bank	672,–	494,–	1,8	2,4	11,9	8,7
Karstadt	595,50	422,50	1,3	1,9	42,5	30,1
Linde	764,–	568,–	1,6	2,11	23,5	17,4
Mannesmann	183,–	133,–	2,7	3,8	22,9	16,6
Nixdorf	823,–	600,–	1,2	1,7	34,3	25
RWE	243,–	206,20	3,3	3,9	14,3	12,1
Siemens	655,–	470,–	1,8	2,6	14,6	10,4
Thyssen	140,50	105,20	3,6	4,8	25,5	19.1
Veba	312,–	264,–	3,2	3,8	12,2	10,4
VW	376,–	255,–	2,7	3,9	9,5	6,5

Wirtschafts Woche

Im letzten Schritt wird man sich nun auf die Suche nach Einzelwerten machen, die von ihren Ausgangsdaten die besten Kurschancen bieten. Dabei helfen zwei grundlegende Vorgehensweisen:

- Die sog. technische Analyse
  Hier wird aufgrund von Chartuntersuchungen analysiert und die gewonnenen Ergebnisse auf die zukünftige Entwicklung übertragen.
- Die sog. Fundamentalanalyse
  Hier werden die letzten Unternehmensabschlüsse und die aktuellen Betriebsergebnisse als Basis für Kauf- bzw. Verkaufsentscheidungen verwendet.

Nach diesen Analysen hat man nun einige Werte ermittelt, die sowohl technisch als auch fundamental einen Kursanstieg versprechen.

Ein letzter Punkt entscheidet nun über Erfolg oder Mißerfolg ganz wesentlich mit: das Timing oder der Zeitpunkt des Ein- bzw. Ausstiegs.
Auch dazu eine der so beliebten Börsenweisheiten:
Wer bei den tiefsten Kursen einsteigt und bei den höchsten Kursen aussteigt, hat den größtmöglichen Gewinn erzielt. Ganz einfach und selbstverständlich, werden Sie denken, aber »an der Börse wird nicht geklingelt«, über Einstieg und Ausstieg muß jeder Aktionär selbst entscheiden.
Doch genug der Börsensprüche, denn davon allein ist noch niemand reich geworden.
Häufig wird gefragt, wie viele Werte ein Depot beinhalten sollte. Die Antwort hängt im wesentlichen von zwei Faktoren ab:

- vom eingesetzten Kapital und
- von der Informationsbereitschaft des Anlegers.

Wer mit kleinen Beträgen an die Börse geht, wird sinnvollerweise sein Depot auf vielleicht drei bis fünf Titel beschränken, denn je mehr Titel gekauft werden, um so größer ist der Aufwand für die Überwachung der Kursentwicklung. Daneben verursacht jeder Kauf und Verkauf an deutschen Börsen einen Kostenaufwand von rund 1,33% (Börsenumsatzsteuer, Bankprovision und Maklergebühr) sowie evtl. weitere Gebühren der Bank.

Käufe an ausländischen Börsen sind wesentlich teurer. Bevor Sie 100 Goldminenanteile in Sydney ordern, sollten Sie sich erkundigen, ob diese Werte nicht auch im Freiverkehr München gehandelt werden und wie hoch die Gebühren für einen Auslandskauf sind.

Die Diversifikation, d.h. die Risikoverteilung auf mehrere Werte, muß im Verhältnis zur Gesamtanlage stehen, da sonst ein wesentlicher Anteil der erzielten Gewinne für Kosten, Gebühren und die Beschaffung von Informationsmaterial aufgewendet werden muß.

Grundsätzlich muß sich jeder Wertpapierinhaber, der mehrere Titel in seinem Depot verwahren läßt, von Zeit zu Zeit folgende Fragen beantworten:

1. Rechtfertigt der momentane Kurs ein weiteres Halten meiner Aktie?
2. Haben sich Veränderungen im wirtschaftlichen Bereich ergeben, die sich auf die Kursentwicklung auswirken könnten?
3. Gibt es Papiere, die gegenüber meinen Werten eine bessere Kurschance aufweisen?

Wenn die sich daraus ergebenden Kurserwartungen eine Transaktion mit den entstehenden Kosten rechtfertigen, wird eine Umstrukturierung des Depots sinnvoll erscheinen. Eine ständige Information über die Lage an den Weltbörsen und die kontinuierliche Anpassung an die aktuellen Marktdaten sind Voraussetzungen für einen langfristigen Erfolg am Wertpapiermarkt.

Vergleich der Welt-Börsen-Indizes 1987

Börsenplatz	1.1.1987	1.10.1987	31.10.1987	Veränderungen in Prozent seit 1. Januar	seit 1.10.1987
Tokio	18701,30	26088,90	23229	+24,2	—11,0
New York	1912,12	2640,18	1993,53	+ 4,2	—24,5
London	1307,10	1873,70	1360,90	+ 4,1	—27,4
Toronto	3040,20	3913,88	3018,41	— 0,7	—22,9
Brüssel	4081,51	5138,74	3955,40	— 3,1	—23,0
Sydney	1470,20	2247,00	1294,10	—12,0	—42,4
Wien	231,99	227,72	191,06	—17,6	—16,1
Amsterdam	278,40	312,00	234,30	—15,8	—24,9
Zürich	677,60	732,60	539,60	—20,4	—26,3
Paris	397,80	410,70	311,36	—18,0	—24,2
Mailand	389,90	349,33	294,87	—24,4	—15,6
Frankfurt	676,37	650,41	497,05	—26,5	—23,6

Kursveränderung ausgewählter Aktien

Aktie	Kurs 16.10	Kurs 30. 10.	Veränd. in Prozent
AEG	310,00	253,00	—18,4
BASF	326,70	272,50	—16,6
Bayer	355,00	293,50	-17,3
BMW	706,00	521,00	—26,2
Conti Gummi	320,00	253,00	—20,9
Daimler	1019,00	817,50	—19,8
Degussa	461,00	404,00	—12,4
Feldmühle	313,00	264,00	—15,7
Henkel VA	560,00	515,00	— 8,0
Hochtief	640,00	450,00	—29,7
Hoechst	318,30	264,00	—17,1
Hoesch	125,50	107,50	—14,3
Holzmann	394,00	327,00	—17,0
Horten	235,00	189,50	—19,4
Karstadt	572,50	451,50	—21,1
Kaufhof	521,00	429,00	—17,7
KHD	184,00	130,20	—29,2
Linde	746,00	585,00	—21,6
Mannesmann	176,80	145,00	—18,0
Metallgesellschaft	395,00	276,00	—30,1
Porsche	902,00	660,00	—26,8
Preussag	196,50	142,00	—27,7
RWE	231,00	219,50	— 5,0
Schering	590,00	472,00	—20,0
Siemens	636,50	494,50	—22,3
Thyssen	136,00	112,00	—17,6
VEBA	302,00	285,50	— 5,5
Commerzbank	281,50	248,00	—11,9
Deutsche Bank	639,50	531,00	—17,0
Dresdner Bank	334,00	271,00	—18,9
Lufthansa	177,00	137,00	—22,6
Allianz AG	1580,00	1185,00	—25,0
AMB	872,00	640,00	—26,6

FAZ-Aktienindex

Branchenindex	Stand des Index am 17. 4. 1986	16. 10. 1987	30. 10. 1987	Veränderung vom 16.–30. 10. in Prozent
Banken und Versicherungen	1903,47	1291,84	1024,95	./.20,7
Großbanken	1040,50	754,11	628,80	./.16,6
Regionalbanken	1166,04	834,29	691,71	./.17,1
Hypothekenbanken	1453,17	1089,07	895,75	./.17,8
Versicherungen	14348,53	8181,82	6112,71	./.25,3
Eisenverarbeitende Industrie	237,94	145,04	119,51	./.17,6
Elektroindustrie	614,05	572,30	450,63	./.21,3
Bau, Steine, Erden	1160,12	941,84	732,34	./.22,2
Chemie und Kautschuk	403,99	400,29	332,71	./.16,9
Großchemie	398,78	394,55	327,40	./.17,0
Sonstige Chemiewerte	465,07	439,73	374,52	./.14,8
Kautschuk	302,57	400,71	316,23	./.21,1
Versorgungswerte	477,51	429,46	402,80	./. 6,2
Fahrzeug- und Maschinenbau	1698,32	1425,05	1118,04	./.21,5
Fahrzeugbau	5221,95	4097,76	3216,17	./.21,5
Maschinenbau	336,17	286,07	223,97	./.21,7
Grundstoffe	377,20	350,18	269,41	./.23,1
Ehem. Bergbaubetriebe	690,83	567,96	513,91	./. 9,5
Handel	492,13	626,81	496,12	./.20,9
Konsumgüter	246,75	241,87	213,68	./.11,7
Brauereien	227,45	241,73	219,54	./. 9,2
Sonstige Konsumwerte	270,20	242,05	209,54	./.13,4
Verkehr	759,24	593,93	465,75	./.21,6
Gesamtindex (31.12.58 = 100)	753,88	613,67	497,05	./.19,0

Quelle: FAZ vom 2. 11. 87

2. Der Kauf von Wertpapieren auf Kredit – auch eine Möglichkeit, auf Baisse zu spekulieren?

In Zeiten der Hausse soll es Eigenheimbesitzer gegeben haben, die auf ihr Haus eine Hypothek aufnahmen, damit kräftig spekulierten und sich anschließend eine Ferienwohnung kauften. Mag sein, daß so mancher Glückspilz, der fest an die AEG-Aktie glaubte, damit reich wurde.

Welche Chancen und welche Risiken bieten Wertpapierkäufe auf Kredit?
Worauf ist bei einem solchen Geschäft zu achten?
Durch den Kauf von Wertpapieren auf Kredit läßt sich die Hebelwirkung der Anlage infolge der erhöhten Kaufkraft steigern. Sie können damit ihre Eigenkapitalrentabilität verbessern und kursgünstige Anschaffungen vornehmen, auf die Sie normalerweise verzichten müßten.
Mit Hilfe von Krediten können Sie entweder die Anzahl der zum Kauf anstehenden Papiere erhöhen, oder Sie binden für die gleiche Anzahl der Wertpapiere weniger Eigenkapital.
In der Regel werden die Kreditinstitute Ihren Wunsch nach einem Kredit zur Spekulation nur dann erfüllen, wenn die geplante Anlage einer genauen Überprüfung standhält. Das Risiko, das Sie mit »auf Pump« erworbenen Papieren eingehen, ist wesentlich größer, als das mit Eigenkapital eingegangene.

Nach welchen Kriterien wird die Bank Ihr Ansinnen prüfen?
Was ist für Sie zu beachten?

1. Ihre Kreditwürdigkeit

Jeder Bankkunde wird zunächst eine Prüfung seiner Bonität über sich ergehen lassen müssen. Beeinflußt wird die

Gestaltung der Konditionen und der Abschluß des Kreditvertrages von Ihrem nachweisbaren, regelmäßigen Einkommen, vorhandenen Vermögenswerten und den Beziehungen zum Kreditinstitut. Langjährig bekannten Kunden wird die Bank lieber einen Kredit einräumen, als einem völlig unbekannten neuen Klienten, der auf Kredit spekulieren will.
Wenn Sie schon längere Zeit ein Wertpapierdepot bei dieser Bank besitzen und damit auf Ihre Erfahrung im Umgang mit Wertpapieren verweisen, sammeln Sie weitere Pluspunkte. Diese können auch bei der Verhandlung über die Kreditzinsen von Vorteil sein.

2. Die Verhandlung über den Zinssatz

Nachdem der Kundenberater Sie einer eingehenden Prüfung unterzogen und die zum Kauf gewünschten Papiere begutachtet hat, wird man sich über den Zinssatz unterhalten.
Beide Handelspartner haben einen gewissen Verhandlungsspielraum. Anders als bei Ratenkrediten oder Hypothekendarlehen stehen die Sätze für Effektenkredite nicht fest. Als Faustregel sollte der Kunde beachten, daß diese Kredite etwa 2% unter den üblichen Kontokorrentkrediten liegen, derzeit also bei etwa 8%. Da es nicht zum üblichen Geschäft der Kreditinstitute gehört, Effektenkredite zu vergeben, lohnt sich auf jeden Fall ein Vergleich der Konditionen bei mehreren Instituten.
Differenzen bis zu 2% können durchaus erzielt werden. Im Vorteil ist natürlich der Kunde einer Bank, der über ein ansehnliches Depot verfügt und mit dem Hinweis verhandeln kann, daß durch die Wertpapiergeschäfte, die über diese Bank abgeschlossen werden, kräftige Bankprovisionen anfallen.
Schwierig wird es allerdings für Sie, wenn Sie unbedingt auf eine Festschreibung des Zinses pochen. Darauf werden sich nur wenige Banken — wenn überhaupt — einlas-

sen. Ähnlich wie bei Kontokorrentkrediten wird die Bank auch bei Effektenkrediten eine Anpassung an Zinsänderungen nicht ausschließen wollen.

3. Beleihungsgrenzen und Sicherheiten

Für die Beleihung von Wertpapieren gibt es bei den Banken einige Grundsätze, an die sich der Käufer bei allen Kreditinstituten halten muß. Beleihungsfähig sind in erster Linie Anleihen und Aktien, wobei jedoch einige Vorbehalte eingeräumt werden müssen.
So werden mündelsichere Anleihen wie die Bundesanleihe in der Regel bis zu 90% beliehen, bei Schuldscheinen erstklassiger Schuldner darf man mit etwa 65—70% rechnen, und bei Aktien sind 50% die Untergrenze.
Diese Werte können natürlich je nach Kreditinstitut und Beziehung Kunde—Bank schwanken. Daneben spielen auch saisonale und wirtschaftliche Einflüsse eine Rolle. Ob in der heutigen Situation die Banken ohne weiteres für einen geplanten Aktienkauf eine Beleihungsgrenze von 50% einräumen, hängt wohl weitgehend von der optimistischen Einschätzung der weiteren Lage ab.
Etwas ungünstiger gestaltet sich die Beleihung von Auslandsaktien, die nicht an deutschen Börsen gehandelt werden. Einige Banken werden auch dann zustimmen, wenn sie die Papiere über Tochtergesellschaften im Ausland an die Bank verpfänden lassen kann.
Sie lagert die Papiere im Safe ihrer ausländischen Tochter und verlangt von ihrem Kunden, den Anspruch auf Herausgabe an sie abzutreten.
Bei exotischen Werten, die auf Kredit gekauft werden sollen, winken die Banken in der Regel ab. Wenn Sie als Anleger unbedingt auf »heiße« Tips einsteigen wollen, sollten Sie dies nur mit Eigenkapital tun.
Eine Absage erhält normalerweise auch der Kunde, der Optionsscheine oder Optionen auf Kredit erwerben will.

Das Risiko eines Teil- oder Gesamtverlustes ist bei diesen Geschäften, wie wir noch sehen werden, außerordentlich groß.
Nicht aus den Augen verlieren darf der Anleger die Tatsache, daß bei fallenden Kursen sich der Wert seines Depots verringert und damit seine »Sicherheit« abnimmt. Werden die Beleihungsgrenzen unterschritten, kommt es zu einer »Unterdeckung«. Der Kunde wird nun aufgefordert, eine entsprechende Summe nachzuschießen, um den alten Zustand wieder herzustellen. Gelingt ihm dies nicht, darf das Kreditinstitut die Papiere verkaufen.

Wenn Ihnen die Konditionen im Inland zu ungünstig erscheinen oder es Ihnen schwerfällt, eine Bank zu finden, die ebenso wie Sie an einen Kursanstieg glaubt, gibt es noch einen Ausweg: die Schweiz.
Die Bankiers unseres Nachbarstaates sind im allgemeinen damit einverstanden, wenn Sie ihnen als Sicherheit die gekauften Anleihen oder Aktien anbieten. Ihre Kreditwürdigkeit wird dort nicht ganz so ernst genommen wie bei uns.
Die Institute gewähren auf Anleihen von Schweizer Schuldnern rund 70 % vom Kurswert, für Auslandsanleihen und Aktien wie bei uns etwa 50 %, und bei bankeigenen Obligationen sind die Eidgenossen sehr großzügig: darauf gewähren sie 80 %. (Diese Angaben sind unverbindlich und müssen von Fall zu Fall bei verschiedenen Instituten erfragt werden!)
Die Konditionen sind festgelegt und werden nicht in Verhandlungen bestimmt. Chancen für einen besonders günstigen Zinssatz können Sie nur dann erwarten, wenn Sie der Bank ein umfangreiches Depot anvertrauen.

Eine Variante, die Zinsen in der Schweiz zu sparen, bietet der Terminkauf von Aktien, ein Geschäft, das an deutschen Börsen bis jetzt noch nicht durchgeführt werden kann.

Insbesondere die Leerverkäufe werden uns an späterer Stelle noch beschäftigen.
Der Wertpapierkauf auf Kredit gehört im US-Aktienhandel zum täglichen Geschäft der Broker.

Lassen wir dazu einen Fachmann zu Wort kommen. Rainer Schätzle, Finanzberater der Merrill Lynch AG, beschreibt in seinem »Handbuch Börse« den Ablauf folgendermaßen:
»Wie hoch die Eigenbeteiligung mindestens sein muß, legt der amerikanische Zentralbankrat, die ›Board of Governors of the Federal Reserve System‹ fest. Die Höhe der Eigenbeteiligung ist für alle Broker verbindlich und beträgt derzeit 50%. Für den vom Broker entliehenen Betrag zahlt der Anleger regelmäßig Kreditzinsen.
Weitere Auflagen bei einem Margin-Trade werden von der NYSE (New York Stock Exchange) gemacht. So muß der Habensaldo Ihres Margin-Account mindestens 2000 $ betragen, bevor Sie ein neues Engagement eingehen. Der Habensaldo ist der jeweilige Kurswert der Wertpapiere abzüglich des Kreditbetrages. Weiter wird verlangt, daß sich der Habensaldo Ihres Margin-Accounts ständig auf mindestens 25% des Kurswertes der jeweiligen Papiere hält.
Nun kann es bekanntlich auch dazu kommen, daß Aktien im Kurs fallen. Die zwingende Konsequenz ist, daß sich der Habensaldo des Margin-Account verringert. Tritt die unangenehme Situation ein, daß sich Ihr Habensaldo unterhalb der 25%-Marke bewegt, dann wäre die Minimum-Maintenance-Rule nicht mehr erfüllt, und Sie sähen sich gezwungen, der Nachschußpflicht nachzukommen. Diese besteht darin, den Mindest-Unterhaltssatz auf seinem Kreditkonto einzuhalten.
Dieser Prozentsatz, der von der NYSE auf 25% gesetzt wurde, ist für die Broker nur als Untergrenze verbindlich, die meisten Broker fordern eine Mindest-Unterhaltung von über 30%.

Je höher die Minimum-Margin gesetzt wurde, desto schneller kommen Sie im Falle eines Kursrückganges Ihrer Papiere in die Nachschußpflicht. Die Nachschußzahlung kann durch eine Bareinzahlung auf Ihr Konto oder durch die Hinterlegung (Abtretung) von weiteren Wertpapieren geleistet werden. Werden weitere Wertpapiere hinterlegt, so wird nur ein bestimmter Prozentsatz von deren Marktwert auf die Nachschußzahlung angerechnet. Falls Sie der Nachschußforderung nicht nachkommen können, wird der Broker so viele Papiere aus Ihrem Bestand verkaufen, bis der Gegenwert aus dem Verkauf ausreicht, um die Nachschußpflicht zu erfüllen.
Wenn man ein Margin-Trude durchführt, sollte man sich zuvor über die Konsequenzen einer Fehleinschätzung des Marktes oder des Papieres klar sein, damit es zu keinen bösen Überraschungen kommt. Das Margin-Trading eignet sich besonders für den Fall, bei dem man einen starken Kursanstieg der Aktien in der näheren Zukunft erwartet. Tritt diese Erwartung ein, so kann man durch den Krediteinsatz die Eigenkapitalrendite beträchtlich erhöhen.«

Die Zinsen für dieses Kreditgeschäft können sich börsentäglich ändern. Sie setzen sich aus dem für Broker geltenden Satz plus einem Aufschlag zusammen. Nach *Capital* 5/86 lagen sie Ende März '86 zwischen 11% für 35000 Dollar Kreditsumme und 8,75% für eine Million Dollar und mehr (beim Brokerhaus Bache Securities). Schon die strengen behördlich festgesetzten Regeln weisen auf die Gefahren hin, die mit der Spekulation auf Kredit verbunden sind.

Der weltgrößte Makler Merrill Lynch warnt: »Niemand sollte Effekten auf Kredit erwerben, wenn er nicht sowohl die Anlage zur Spekulation als auch die nötigen Mittel besitzt.«

Dieser Warnung können wir uns nur anschließen. Auch wenn viele Sachverständige den Sturz am Aktienmarkt als wirtschaftlich unbegründet sehen, mehren sich die Stim-

men derer, die darauf hinweisen, daß wir unsicheren Zeiten entgegengehen.
Um so wichtiger wird es in Zukunft sein, auf altbewährte Absicherungsmechanismen zurückzugreifen. Auch wenn zeitweise die Bäume in den Himmel wachsen — die vergangenen Ereignisse haben deutlich werden lassen, wie schnell die Kapitalmärkte wieder auf den Boden der Realität zurückgeholt werden.

Zur Unterstützung Ihrer Meinungsbildung beim Thema »Aktienkauf auf Kredit« noch zwei Stellungnahmen amerikanischer Börsenfachleute:
John Templeton, Investment-Papst der USA, in dessen Investment-Fonds mehr als 500 000 Anleger Milliardenbeträge einbezahlt haben, zu den weiteren Aussichten und zu seiner bisher sehr erfolgreichen Investmentphilosophie:
In möglichst vielen Märkten nach Gesellschaften suchen, die gemessen an ihrem wahren Wert am wenigsten kosten. Man vermeidet dabei Länder, die eine Tendenz zum Sozialismus haben.
Grundsätzlich ist man bei der Aktienanalyse an folgenden Daten interessiert:

- dem Kurs-Gewinn-Verhältnis,
- den Gewinnspannen,
- dem Liquidationswert und vor allem an
- der Kontinuität der Gewinnentwicklung.

Für Anleger hat Templeton einige Tips bereit:

- nur Aktien kaufen, die einen Bruchteil dessen kosten, was sie wert sind,
- eine schlechtere Aktie verkaufen, sobald man eine bessere kaufen kann,
- eine Aktie sofort verkaufen, wenn viele Analytiker die betreffende Aktie empfehlen,

- immer flexibel sein, das heißt Faktoren rechtzeitig erkennen, die den Kurs einer Aktie bestimmen könnten,
- nur in den besten (= billigsten) Märkten investieren,
- nie auf feste Regeln und Formeln vertrauen.

Wie sieht der Altmeister der Investmentfonds 1987 die längerfristige Investment-Zukunft?
Auf sehr lange Sicht empfiehlt er Anlegern, einen großen Teil ihres Geldes in Immobilien anzulegen. Aktuell sieht er jedoch keine Veranlassung, verstärkt in diesem Sektor zu investieren, denn er erwartet, daß die nächsten 30 Jahre besser für den Anlagewert Aktie sein werden als die zurückliegenden 30 Jahre.
Templeton geht davon aus, daß es zum Beispiel in den USA immer weniger Aktien auf dem Markt gibt (wegen Aktienrückkäufen und Übernahmen), die Liquidität jedoch dramatisch zunehmen wird. Er schätzt, daß in zehn Jahren mehr Geld über die IRAs (»individual retire accounts« — eine steuerbegünstigte Form des Aktiensparens als Altersvorsorge) in die US-Aktienmärkte fließen wird, als die Märkte heute wert sind. Auch Pensionskassen verfügen über immer mehr Geld, das in Aktien angelegt werden wird.
In seinen Funds hielt er schon vor dem Crash relativ hohe Cash-Positionen bereit, um auf den nächsten Bullmarkt vorbereitet zu sein. Den erwartet er in etwa fünf bis zehn Jahren, wobei er davon ausgeht, daß der Aufwärtstrend viel stärker sein wird als in den vergangenen Jahren. (*Handelsblatt* vom 30. 10. 87)

Der Anlagestratege der Deutschen Bank Capital Corporation in New York, Heiko H. Thieme, erklärt in der gleichen *Handelsblatt*-Ausgabe:
»Der Aktienmarkt war nicht der Kausalfaktor, sondern er hat nur auf eine falsche Geldpolitik reagiert. Der ›schwarze Montag‹ am 19. Oktober war kein Waterloo für Reaganomics, sondern für den Monetarismus. Die über fünf-

jährige Hausse ist damit leider beendet, und wir haben eine Baisse. Wenn Politiker und Notenbanker jedoch schnell und richtig reagieren, kann es sich um die zwar schmerzlichste, aber kürzeste handeln. Meine Neueinschätzung für den Dow-Jones-Index liegt zwischen 1700 und 2300.
Entscheidend sind jedoch die nächsten Tage. Es gilt, das Vertrauen, das in brutalster Weise durch eine verfehlte Zinspolitik zerstört wurde, schnellstens wieder herzustellen.«

3. Termingeschäfte an Schweizer Börsen – Geld verdienen an fallenden Kursen

»Die Baissespekulation (Leerverkauf) ist nur für einen intelligenten Börsianer verständlich. Ein Dummkopf wird nicht verstehen, wie man etwas kaufen kann, was man noch nicht besitzt.«
Was von Kostolany hier ironisch ausgedrückt wird, ist nichts anderes als die Tatsache, daß an der Börse andere Gesetze gelten als im alltäglichen Leben. An der Börse kann man sehr wohl Wertpapiere verkaufen, die man noch gar nicht besitzt. Im Fachjargon »verkauft man leer«, d.h. man verkauft Aktien zum heutigen Kurs, die man zwar nicht besitzt, die man aber in einem bestimmten Zeitraum erwerben will.
Die Rechnung für einen »Leerverkäufer« geht nur auf, wenn diese Papiere bis zum festgelegten Zeitpunkt *gefallen* sind, denn dann kann er sie billiger einkaufen, als er sie vor einigen Monaten verkauft hat.
Mit diesem Wissen und etwas Glück hätte so mancher in den letzten Wochen zum Millionär werden können.
Wenn Sie nicht zu diesen Glücklichen gehören, muß ich Sie auf die nächste Baisse vertrösten. Aber dann wissen

Sie ja Bescheid und können Ihr Wissen mit Gewinn einsetzen.
Einen kleinen Haken hat die Geschichte doch. Solche Termingeschäfte sind an den deutschen Börsen noch nicht erlaubt. Mit der Einrichtung der geplanten deutschen Terminbörse bis 1988/89 (Goffex) wird man auch solche Geschäfte hierzulande gestatten. Bis dahin bleibt unser Nachbarland Schweiz die geeignete Anlaufstelle.

Zum Unterschied zwischen Aktienkauf im Kassa-Geschäft und Aktienkauf auf Termin einige Erklärungen:
Kaufen Sie Aktien im Kassageschäft, d.h. Bezahlung und Lieferung bzw. Verwahrung erfolgt innerhalb weniger Tage, können Sie nur an *steigenden* Kursen verdienen. Für den Eigentümer der Papiere mindert sich der Wert des Depots, wenn die Kurse fallen.
Bei Terminabschlüssen sieht die Sache anders aus. Hier verpflichten Sie sich zur Entrichtung des Kaufbetrages erst nach Ablauf der vereinbarten Frist, werden folglich auch erst etliche Monate später Inhaber der Papiere.
Als Käufer auf Termin verlieren Sie ebenso wie im Kassageschäft bei fallenden Kursen, weil Sie zum vereinbarten Termin mehr für die Aktien bezahlen müssen, als sie dann noch wert sind.
Anders gestaltet sich der Abschluß für Ihren Handelspartner, der die Aktien auf Termin verkauft hat. Er verdient an deren Kursrückgang, weil er nun mehr erhält, als sie wert sind. Hat er Ihnen die Aktien »leer« verkauft, d.h. beim Abschluß des Geschäftes besaß er sie noch nicht, kann er die nun zu liefernden Aktien billiger einkaufen, als er sie Ihnen verkauft.
Vorerst bringt dieses Termingeschäft beiden Beteiligten Vorteile, denn sowohl der Verkäufer als auch der Käufer sparen Liquidität. Der Verkäufer kauft die Aktien ja erst einige Monate nach Abschluß des Vertrages, und der Käufer muß erst nach Ablauf des vereinbarten Zeitraums bezahlen.

An der Basler Börse können so seit Anfang 1986 alle dort notierten Aktien (Ausnahme: Namensaktien der Schweizer Banken, die nur zum Terminhandel bis auf maximal drei Monate und nicht zum erweiterten Terminhandel zugelassen sind) bis auf neun Monate per Termin gehandelt werden.
Da auch etliche deutsche Standardwerte in den Terminhandel einbezogen werden, bieten sich dem deutschen Anleger im Hinblick auf spekulative Interessen oder zur Absicherung drohender Verluste einige interessante Anlagevarianten.
Welche Verpflichtungen und Risiken geht ein Teilnehmer am Terminmarkt ein?
Ein Anleger, der Aktien auf Termin handeln will, gibt eine verbindliche Absichtserklärung ab, daß er

- eine bestimmte Anzahl von Aktien
- zum aktuellen, an der Börse gehandelten Kurs,
- bis zu einem bestimmten Zeitpunkt, dem Schlußtag eines Verfallmonats

kaufen oder verkaufen will.

Die folgenden Werte können in der Schweiz auf Termin gehandelt werden:

AEG	Mannesmann
BASF	Mercedes Holding
Bayer	RWE Stämme und Vorzüge
Commerzbank	Schering
Daimler-Benz	Siemens
Deutsche Babcock	Thyssen
Deutsche Bank	VEBA
Degussa	VEW
Dresdner Bank	VW
Hoechst	Wella

Wenn Aktien zu einem bestimmten Termin verkauft werden sollen, muß der Anleger diese Papiere beim Geschäftsabschluß nicht in seinem Besitz haben, er kann sich später eindecken. Die Termine, die als letztmöglicher Handelstag gelten, sind wie beim deutschen Optionsgeschäft standardisiert und festgelegt auf die Monate

- Januar
- April
- Juli
- Oktober.

So konnte man beispielsweise Mitte Juli '87 die folgenden drei Termine zum Juli und Oktober 1987 und zum Januar 1988 handeln sowie zu den dem aktuellen Datum folgenden drei Monatsenden Juli, August und September 1987. Der Termin für Ende April 1988 wurde erst am 1. 8. 87 in den Handel aufgenommen.
Zwischen Kassakurs und Terminkurs kommt es zu geringen Abweichungen, die sich aus der Art des Termingeschäfts und dem aktuellen Zinssatz ergeben. Bei Käufen liegt der Terminkurs etwas über, bei Verkäufen unter dem Kassakurs.
Beim Kaufabschluß muß der Käufer 40% des Aktienwertes als Sicherheit hinterlegen. Die Sicherheitsbestellung kann sowohl in Geld als auch in beleihungsfähigen Wertpapieren (Anleihen oder Aktien) geschehen, wobei sich die Sicherheitsleistung abhängig vom aktuellen Börsengeschehen erhöhen kann. Das ausführende schweizerische Kreditinstitut wird Sie darüber genau informieren.
Wenn Sie sich regelmäßig am Terminhandel mit deutschen Standardwerten beteiligen wollen, ist es anzuraten, ein Wertpapierdepot bei einem schweizerischen Kreditinstitut einzurichten.
Insbesondere Termingeschäfte erfordern ein entsprechendes Vertrauensverhältnis zwischen Kunde und Bank. Sofern Sie ein gutes Wertpapierdepot vorweisen können, wird man Ihnen keine Steine in den Weg legen, wenn Sie Ihr Glück mit Leerverkäufen probieren wollen. Denn das

Risiko der Bank, wenn Sie am Erfüllungstag die verkauften Aktien nicht besorgen können, wird dadurch wesentlich gemindert.

Die folgende Tabelle gibt einen Hinweis auf die Mindeststückzahl bei einem bestimmten Kursniveau.

Aktien/Kurs			*Anzahl/Titel*
bis Fr.	5,–		1000
über Fr.	5,–	bis Fr. 10,–	500
über Fr.	10,–	bis Fr. 50,–	100
über Fr.	50,–	bis Fr. 200,–	50
über Fr.	200,–	bis Fr. 500,–	25
über Fr.	500,–	bis Fr. 1 000,–	10
über Fr.	1 000,–	bis Fr. 5 000,–	5
über Fr.	5 000,–	bis Fr. 10 000,–	2
über Fr.	10 000,–		1

Beispiele zur Verdeutlichung des Handelsablaufes:

1. Sie kaufen Aktien für 8000 SFr per Termin. Als Sicherheit werden 3200 SFr erforderlich. Sinkt der Kurswert nun auf 6000 SFr ab, müßten Sie Ihre Sicherheitsleistung um ebenfalls 25% aufstocken. Der Kapitaleinsatz würde sich damit auf 4000 SFr erhöhen.
Einen Schutz vor größeren Verlusten bietet das Festlegen von »Stop-loss-Marken«, die der Verlustbegrenzung dienen. Die Bank löst bei Erreichen des bestimmten Kurses die Position auf und verkauft die Papiere.

2. Kaufinteressen bei steigenden, Verkaufsinteressen bei fallenden Kursen und der niedrigere Kapitaleinsatz kennzeichnen das sog. »Differenzgeschäft«.
Nehmen wir an, Sie kaufen Mitte Oktober '87 30 Aktien der Fa. Hoechst zum Kurs von 230 SFr. Der erforderliche Kapitaleinsatz: 2760 SFr Sicherheitsleistung (40% des Gesamtwertes). Steigen die Aktien in den nächsten Mo-

naten auf 285 SFr, wird der Kauf ausgeführt und die Aktien zu 285 SFr sofort wieder verkauft.
Gewinn pro Aktie: 55 SFr. Gesamtgewinn: 1650 SFr.
Im Verhältnis zum Einsatz ein Gewinn von ca. 60% (ohne Berücksichtigung der Kosten).

3. Der Leerverkauf
Sie rechnen als »Baissier« mit einem kräftigen Kursrückgang bei der Deutschen Bank. Sie verkaufen 30 Stück Deutsche Bank mit Verfalltermin Januar '88 zu 460 SFr. Als Sicherheitsleistung bieten Sie einen Teil Ihres Wertpapierdepots an. Bis Ende des Jahres 1987 ist die Aktie auf 430 SFr gefallen. Sie kaufen nun zu diesem Kurs und verkaufen zum vereinbarten Termin zum vereinbarten Kurs von 460 SFr.
Gewinn pro Aktie: 30 SFr. Gesamtgewinn: 900 SFr.

4. Absicherung bei starken Schwankungen nach oben und unten
In Börsenzeiten, in denen die Kursentwicklung von starken Kursschwankungen nach oben und unten geprägt ist, bietet sich einem vorsichtigen Anleger ein Kombinationsgeschäft mit einem Terminkauf in der Schweiz und dem Kauf einer Verkaufsoption an einer deutschen Börse an:
Sie erwerben 100 RWE-Aktien per Termin Januar '88 zu 212 SFr, legen aber gleichzeitig ein Stop-Loss bei 200 SFr fest. An der Frankfurter Börse kaufen Sie gleichzeitig eine Verkaufsoption, Basis 240, Verfalltag 15. 1. 88 für angenommen 8,— DM je Stück.
Steigt nun die Aktie bis Ende des Jahres auf 250 SFr, würde Ihre Verkaufsoption wertlos, so daß Sie vom Gewinn (250 − 212 = 38 × 100 = 3800 SFr) den Optionspreis von 800,— DM plus den entstandenen Kosten abziehen müßten.
Fällt die Aktie jedoch unter 200 SFr, wird die Bank diese Position auflösen und die Aktien verkaufen. Sie haben dann zwar einen Verlust von 1200 SFr (12 SFr × 100) realisiert, aber durch den nun gestiegenen Wert der Ver-

kaufsoption können Sie diesen Verlust ausgleichen. Bei stark fallenden Kursen werden Sie durch den steigenden Kurs der Verkaufsoption die Gewinnzone erreichen.
Der Vorteil dieser Strategie, der auf den ersten Blick etwas umständlich erscheint — schließlich muß man mit zwei Banken in zwei Ländern zusammenarbeiten — gegenüber einem Aktienkauf mit gleichzeitigem Erwerb einer Verkaufsoption an einer deutschen Börse liegt an dem niedrigeren Kapitaleinsatz von 40% als Sicherheitsleistung. Nachteilig wirkt sich diese Kombination bei einem konträr zu den Erwartungen verlaufenden Marktgeschehen aus, weil dann die Sicherheitsleistung entsprechend aufgestockt werden muß.

4. Die Bedeutung des Optionsgeschäfts für die Absicherung von Wertpapierdepots

Die einzige bisher in Deutschland erlaubte und gebräuchliche Art und Weise, auf Termin zu spekulieren und damit auch auf fallende Kurse zu setzen, bietet das Optionsgeschäft.
Für alle, die sich bisher noch nicht damit beschäftigt haben, wollen wir Ablauf und Bedingungen solcher Optionsgeschäfte — natürlich mit dem Schwerpunkt: Gewinne machen bei fallenden Kursen — ausführlich und beispielhaft darstellen.
Eine kleine Einführung in den Begriff »Termingeschäft« haben Sie bereits erhalten und wissen, daß man mit Hilfe solcher Geschäfte Wertpapiere kaufen bzw. verkaufen kann, ohne sie tatsächlich zu besitzen.
Damit haben Sie bereits die Grundvoraussetzung für den Handel mit Optionen erfaßt.
Vielleicht ist Ihnen der Begriff »Option« schon einmal begegnet. Als ständiger Zuschauer beim Geschehen in der

Bundesliga haben Sie schon davon gehört, daß manche Vereine mit Spielern Verträge abschließen, die eine »Option« beinhalten. Damit ist nichts anderes gemeint als ein »Vorkaufsrecht«, d.h. wenn der Spieler seinen bisherigen Verein verläßt, hat der andere Verein das Recht, auf den Spieler zurückzukommen und ihn daran zu erinnern, daß er aufgrund der Option nun bei ihm anzutreten habe.
Im zivilrechtlichen Sinn versteht man darunter das Recht, durch eine einseitige Erklärung einen neuen Vertrag zu begründen.
Für unseren Fußballstar bedeutet dies nichts anderes, als daß er nun einfach darauf warten muß, ob sein »neuer« Verein ihn haben will oder nicht. Die Vertragspartner haben nämlich beschlossen, daß einer der Beteiligten die Möglichkeit erhalten soll, einen endgültigen Vertragsabschluß vom eigenen Willen abhängig zu machen, während der andere auf die Begründung dieses Vertrages keinen Einfluß mehr nehmen kann.
Strapazieren wir noch einmal das Beispiel unseres Spielers: Wenn sein »neuer« Verein aus bestimmten Gründen auf die Ausübung der Option verzichtet, auf gut deutsch ihn nicht haben will, weil er nun miserabel kickt, kann der Spieler nicht auf einem Vertrag mit diesem Verein bestehen.
Verlassen wir nun das Fußballfeld und begeben wir uns auf das Schlachtfeld der Börse.

Was sind Optionen, und wie läuft der Handel mit Optionen ab?

Der Optionsmarkt ist ein Teil des allgemeinen Wertpapiergeschäfts an der Börse.
Er verläuft ähnlich wie der Handel mit Aktien nach dem marktwirtschaftlichen Prinzip von Angebot und Nachfrage.
Auf der einen Seite finden wir einen Käufer, der an steigende Aktienkurse glaubt. Er will Optionen kaufen.

Auf der anderen Seite muß ein Verkäufer bereit sein, diese Optionen zu verkaufen. Er ist eher der Meinung, daß sich die Kurse nach unten bewegen könnten. Er kassiert für den Verkauf eine Optionsprämie, auch Optionspreis genannt.
Eine Option ist keine Ware, sie verkörpert auch keinen Anteil am Grundkapital einer Aktiengesellschaft, der sich in Zahlen ausdrücken läßt. Sie verkörpert ganz einfach das Recht auf eine bestimmte Leistung, nämlich die Lieferung einer Ware (in unserem Fall sind das Aktien) zu einem bestimmten Preis zu einem späteren Zeitpunkt.
Im Gegensatz zum Handel mit Aktien werden hier Geschäfte abgeschlossen, deren tatsächliche Abwicklung erst zu einem späteren Zeitpunkt stattfindet, deshalb verwendet man dafür den Begriff »Termingeschäft«.

Der Ort, an dem sich dieser Handel an der Börse abspielt, ist der Bereich des ungeregelten Freiverkehrs. Weder Käufer noch Verkäufer können persönlich an der Börse miteinander verhandeln, weshalb wie beim Aktienkauf eine Bank oder Sparkasse dazwischengeschaltet werden muß, damit sie die gewünschten Aktien auch erwerben können.
Der Optionsmarkt fällt in Deutschland derzeit noch unter die Rubrik »enger Markt«, was nichts anderes bedeutet, als daß relativ wenige Marktteilnehmer in diesem Marktsegment ihr Glück versuchen. Vielen Nachfragern stehen oft wenige Anbieter gegenüber, oder es sind relativ wenige Optionen zu den gewünschten Bedingungen im Umlauf.
Trotz der hektischen Tätigkeit an der Aktienbörse waren die Umsätze mit Optionen im Vergleich zu den gehandelten Aktien recht bescheiden. So hieß es am 26. 10. 87 im Handelsblatt:
Aktienoptionen: In Frankfurt wurden 3096 Optionen mit einem Volumen von 163 900 Stück umgesetzt. Davon entfielen 1008 (54 550 Stück) auf Verkaufsoptionen. In Düs-

seldorf gingen 28 Kaufoptionen (1400 Stück) und 7 Verkaufsoptionen (350 Stück) um.
Zum Vergleich: An diesem Tag wechselten 871064 Aktien der Fa. Hoechst AG den Besitzer.
Auch an den Tagen zuvor und danach war die Tätigkeit im Optionshandel auf die Größenordnung 2000—3000 Optionen beschränkt. Die Relation zwischen Aktienmarkt und Optionsmarkt wird damit deutlich.
Ein erteilter Auftrag zum Kauf bzw. Verkauf von Optionen muß aus diesen Gründen nicht immer zur Ausführung kommen. Wenn der Handel abgeschlossen werden konnte, erhalten die daran Beteiligten weder ein Zertifikat noch eine Urkunde, in der irgendwelche Rechte verbrieft sind, sondern lediglich eine Abrechnung der Bank, aus der die Bedingungen des Geschäfts und die Gebühren ersichtlich sind.

Durch den Kauf einer Option erwirbt der Käufer das Recht, vom Verkäufer

- während einer festgelegten Laufzeit, der sog. Optionsfrist,
- eine bestimmte Anzahl von Aktien, die zum Optionshandel zugelassen sind,
- zu einem vorher festgelegten Preis, dem sog. Basispreis, zu erwerben.

Hier ist die Rede von einer »Kaufoption«.

Bei einer Verkaufsoption erwirbt der Käufer dagegen das Recht,

- innerhalb der festgelegten Optionsfrist
- eine bestimmte Anzahl von Aktien
- zu dem vereinbarten Basispreis

dem Verkäufer zu verkaufen.
Er kann innerhalb der Laufzeit also von seinem Handelspartner die Abnahme zum vereinbarten Preis verlangen.

Dies wird er natürlich nicht persönlich tun, weil er seinen Kontrahenten nicht kennt, sondern einfach die ausführende Bank damit beauftragen, die Option für ihn auszuüben.

Sowohl bei einer Kauf- als auch bei einer Verkaufsoption muß der Käufer für dieses eingeräumte Recht einen Betrag, den sog. Optionspreis, bezahlen.
Dem Verkäufer der Option wird dieser Betrag gutgeschrieben unabhängig davon, ob es später zur Ausübung der Option kommt, oder ob der Käufer seine Option verfallen läßt, weil die Kurse sich entgegen seiner Meinung entwickelt haben.
Den Verkäufer nennt man im Sprachgebrauch der Börse den »Stillhalter«, denn er hat während der festgelegten Laufzeit keine Möglichkeit, den Käufer in seinem Verhalten zu beeinflussen, er muß abwarten, »stillhalten«, und die Reaktion des Käufers in Kauf nehmen.

Bei den Gestaltungsmöglichkeiten des Optionsgeschäfts sind vier Varianten möglich, wir werden sie anschließend anhand aktueller Beispiele ausführlich darstellen:

1. Kauf einer Kaufoption
2. Kauf einer Verkaufsoption
3. Verkauf einer Kaufoption
4. Verkauf einer Verkaufsoption

Auf der Käuferseite finden sich häufig Privatkunden und Kleinanleger, die an steigenden bzw. fallenden Kursen verdienen wollen. Auf der Verkäuferseite wird die Rolle des Stillhalters in vielen Fällen von Kreditinstituten und Versicherungsgesellschaften übernommen, die über große Aktienbestände verfügen und sich durch die Einnahme des Optionspreises eine Renditeerhöhung versprechen.
Wir werden an späterer Stelle sehen, daß die Rolle des Stillhalters durchaus auch von Kleinanlegern übernom-

men werden kann, die weniger Aktien im Depot haben, aber dennoch über eine zusätzliche Einnahmequelle verfügen können.

Das Geschäft mit Optionen wurde an den deutschen Börsen 1970 wieder eingeführt. Es verlangt vom Anleger neben höherer Risikobereitschaft auch genaue Kenntnisse der technischen Abwicklung, wenn das angelegte Kapital nicht in den Sand gesetzt werden soll.

Optionsgeschäfte lauten bei deutschen, zum Optionshandel zugelassenen Werten jeweils über eine Mindestmenge von 50 Aktien (1 Option = 50 Aktien). Für ausländische Werte gilt meistens der »Mindestschluß« (so der Fachausdruck) für 100 Aktien.

Die Fälligkeitstermine für laufende Optionen fallen jeweils auf den 15. der Monate Januar, April, Juli und Oktober. Die Laufzeit kann von einem Käufer einer Option selbst bestimmt werden, darf jedoch nicht von den genannten Fälligkeitsterminen abweichen. Beachten sollte man dabei auch bestimmte Mindest- und Höchstlaufzeiten.

Der Zeitablauf der Option

»Optionen kaufen? Genau wie bei einem Wechsel: Unterschreiben Sie, und Sie werden sehen, wie schnell die Zeit vergeht.«

Optionen, die in den Monaten

- Januar, Februar und März erworben werden, enden am 15. April, 15. Juli oder 15. Oktober desselben Jahres,
- April, Mai und Juni erworben werden, enden am 15. Juli und 15. Oktober desselben und am 15. Januar des folgenden Jahres,
- Juli, August und September erworben werden, enden am 15. Oktober desselben oder am 15. Januar und 15. April des folgenden Jahres,

- Oktober, November und Dezember erworben werden, enden am 15. Januar, 15. April oder 15. Juli des folgenden Jahres.

Bei Betrachtung dieser Daten wird deutlich, daß die kürzeste Laufzeit einer Option 15 Tage (beim Kauf einer Option Ende März mit Verfall 15. April), die längste Laufzeit neun Monate und 15 Tage (beim Kauf einer Option Anfang Januar mit Verfall 15. Oktober) dauert.

Was zunächst kompliziert und unübersichtlich aussieht, wird klarer, wenn Sie sich als Käufer drei Fragen beantworten:

- Zu welchem Preis möchte ich die Aktien erwerben (Basispreis)?
- Welchen Preis möchte ich dafür bezahlen (Optionspreis)?
- Zu welchem Zeitpunkt will ich spätestens meine Option ausüben (Fälligkeitstermin)?

Auf welche Papiere können Optionen ge- oder verkauft werden?

Von den an den deutschen Börsen gehandelten Aktien ist nur eine kleine Auswahl für den Optionshandel zugelassen.
Die Börsenvorstände achten bei Auswahl und Zulassung der Gesellschaft darauf, daß bestimmte Größenkriterien erfüllt werden und die Werte über einen breiten Markt verfügen.
Im Börsengesetz heißt es über die Zulassung:

§ 50 (1)
Die Zulassung von Waren oder Wertpapieren zum Börsenterminhandel erfolgt durch den Börsenvorstand nach näherer Bestimmung der Börsenordnung. Der Börsenvorstand ist befugt, die Zulassung zurückzunehmen.

In jüngster Zeit wurden die Anteilscheine der deutschen Gesellschaften Feldmühle AG, Henkel AG und VIAG AG neu in den Optionshandel aufgenommen, die amerikanische Sperry Corp. verschwand vom Kurszettel.

§ 50 (2)
Vor der Zulassung sind die Geschäftsbedingungen für den Börsenterminhandel in den zuzulassenden Waren oder Wertpapieren festzusetzen.

§ 50 (3)
Der Börsenvorstand hat vor der Zulassung von Waren am Börsenterminhandel in jedem Falle Vertreter der beteiligten Erwerbskreise gutachtlich zu hören und das Ergebnis dem Reichskanzler mitzuteilen. Die Zulassung darf erst erfolgen, nachdem der Reichskanzler erklärt hat, daß er zu weiteren Ermittlungen keinen Anlaß findet.*

§ 50 (4)
Die Zulassung von Wertpapieren zum Börsenterminhandel darf nur erfolgen, wenn die Gesamtsumme der Stücke, in denen der Börsenterminhandel stattfinden soll, sich nach ihrem Nennwert mindestens auf zehn Millionen Deutsche Mark beläuft.

Da es bei nicht festgelegten Stückzahlen auf dem recht engen Optionsmarkt unmöglich wäre, einen Geschäftspartner zu finden, muß das Optionsgeschäft einer bestimmten Stückzahl, dem bereits erwähnten »Mindestschluß« entsprechen.
Einige Kreditinstitute sind nicht daran interessiert, solch kleine Optionsgeschäfte zu vermitteln. Daher sollte man vor einem Kauf/Verkauf von Optionen mit dem entsprechenden Kreditinstitut verhandeln.
Mittlerweile weigern sich auch etliche Banken, mit Privatkunden Optionsgeschäfte abzuschließen, weil die rechtliche Problematik des »Differenzeinwandes« noch nicht eindeutig geklärt sei. Dazu an späterer Stelle mehr.

---

* Wann erfolgt die erforderliche Aktualisierung dieses Gesetzestextes?

Zur Zeit können am deutschen Markt die Werte von 48 deutschen und 12 ausländischen Gesellschaften gehandelt werden (Änderungen werden immer wieder vorgenommen).
Für die folgenden inländischen Aktiengesellschaften beträgt der Mindestschluß 50 Stück:

AEG
AG f. Industrie und Verkehr
BASF
Bayer
Bayer. Hypobank
Bayer. Vereinsbank
BMW
Bewag
BBC
BHF-Bank
Conti-Gummi
Commerzbank
Daimler-Benz
Deutsche Babcock St. u. Vz.
Deutsche Bank
Degussa
Dresdner Bank
Feldmühle Nobel
Harpener
Henkel
Hoechst
Hoesch
Kali und Salz
Karstadt
Kaufhof
KHD
Klöckner Werke
Linde
Lufthansa St. u. Vz.
Mannesmann
MAN
Mercedes
Metallgesellschaft
Nixdorf
Porsche
Preussag
RWE St. u. Vz.
Rütgerswerke
Schering
Siemens
Thyssen
Varta
VEBA
VEW
VIAG
VW
Wella

Für die folgenden ausländischen Gesellschaften beträgt der Mindestschluß 100 Stück:

Alcan
Chrysler
Elf Aquitaine
General Motors
IBM
Litton

Norsk Hydro
Philips
Royal Dutch
Unilever
Xerox

Nur für die japanische Sony-Aktie wird ein Kaufabschluß von 1000 Stück verlangt.

Laufende Kauf- und Verkaufsoptionen können bis zum 3. Börsentag vor Fälligkeit am »Sekundärmarkt« weiterveräußert werden. Damit tritt ein neuer Erwerber, der Käufer einer »laufenden« Option, in die Rechte des Ersterwerbers ein. Er kann nun seinerseits am Verfalltag die Option ausüben oder die Option noch einmal weiterverkaufen. Auch für ihn gilt der beschriebene »Mindestschluß«.

Bevor wir voll in den Ablauf und in die damit verbundenen Gewinnchancen und Verlustrisiken einsteigen, sollten Sie noch einige Details kennen:

Um den Handel mit Optionen im Sekundärmarkt, also deren Weiterverkauf zu erleichtern, wurden die Basispreise standardisiert, d.h. sie wurden abhängig von der Kurshöhe abgestuft.

- Bei Kursen von 2,50 DM bis 30 DM müssen die Basispreise durch 2,50 DM teilbar sein,
- bei 35 DM bis 100 DM durch 5 teilbar,
- bei 110 DM bis 200 DM durch 10 teilbar,
- bei 220 DM bis 500 DM durch 20 teilbar,
- bei 550 DM bis 1000 DM durch 50 teilbar und
- bei Kursen ab 1100 DM durch 100 teilbar.

Als Basispreis sind bei Auftragserteilung jeweils nur noch die drei aufeinanderfolgenden Preise nach oben und nach unten möglich — immer abhängig vom aktuellen Kurs der Aktie. Damit lassen sich sog. »Mondpreise«, also völlig überhöhte, unrealistische Preise von vornherein ausschließen.

Konnte nach dieser Regelung — bezogen auf einen der Fälligkeitstage — ein Basispreis vereinbart werden, so darf dieser Basispreis zum selben Fälligkeitszeitpunkt für die Begründung von neuen Optionen auch dann zugrunde gelegt werden, wenn dies wegen eingetretener Kursänderungen gemäß Satz 1 dieser Regelung nicht zulässig wäre.
Es kommt deshalb nicht darauf an, ob zuvor zu einem zulässigen Basispreis tatsächlich ein Optionsgeschäft zustande gekommen war.

Beispiel:

Die VEBA-Aktie wurde am 28. 10. 87 mit 264,— DM notiert. Auf der Grundlage dieses Kurses konnten Basispreise von 280,— DM/300,— DM oder 320,— DM bzw. 260,— DM/240,— DM oder 220,— DM für die folgenden Fälligkeitstermine 15. 1. 88/15. 4. 88/15. 7. 88 gewählt werden.
Diese Basispreise stehen für Neuabschlüsse, bezogen auf dieselben Fälligkeitstage bis zum 31. 12. des laufenden Jahres, unabhängig von der Kursentwicklung der Aktie, auch weiterhin zur Verfügung. Vereinfacht ausgedrückt bedeutet diese Regelung, daß nur noch Basispreise zugelassen werden, die im aktuellen Bereich des Aktienkurses liegen.

Welche Vorteile bringt der Abschluß eines Optionsgeschäfts mit sich?

Nicht nur für den risikofreudigen und spekulationsorientierten Anleger bietet der Handel mit Optionen vielfältige Handlungsmöglichkeiten, sondern auch dem konservativen, mehr auf finanzielle Sicherheit bedachten Aktionär. Gerade für einen risikoscheuen Wertpapieranleger bieten Optionen Absicherungschancen seines Portefeuilles, die ihm sonst nirgendwo geboten werden.

Keine Versicherung der Welt ist bereit, einen Wertpapierbestand gegen Kursstürze zu versichern. Die »Versicherungsprämie« in Optionen angelegt, macht eine solche Einrichtung überflüssig!

1. Ein Engagement am Optionsmarkt ist schon mit einem verhältnismäßig geringen Einsatz möglich. Häufig werden Optionen gehandelt, deren Optionspreis zwischen 1,— DM und 10,— DM liegt. Theoretisch könnten Sie mit einem Einsatz von 50,— DM bis 500,— DM plus der anfallenden Kosten ein Engagement riskieren!
2. Ein direktes Engagement in Aktien und das damit verknüpfte hohe Kursrisiko (vgl. die letzten Wochen) lassen sich vermeiden, ohne daß auf die Chance von Kursgewinnen verzichtet werden muß.
3. Der Optionskäufer kann voll an der Aktienkursentwicklung teilnehmen, ohne daß die Gewinnchancen begrenzt würden. Sein maximales Verlustrisiko bleibt auf seinen Einsatz, den Optionspreis, beschränkt und erlaubt damit eine überschaubare Kalkulation.
4. Gewinnchancen ergeben sich sowohl bei steigenden als auch bei fallenden Kursen.
5. Das Optionsgeschäft kann beim Aufbau eines Portefeuilles ebenso wie bei Abbau oder Umschichtung zur Erzielung von Gewinnen aus einem »Differenzgeschäft« verwendet werden und kann darüber hinaus noch zur Kurssicherung dienen.
6. Ein letztes Argument für Steuersparer: Mit dem Kauf von Verkaufsoptionen können völlig legal Steuerschulden vermindert oder eingespart werden.

Vergleicht man den Kauf von Aktien direkt mit dem Erwerb von Optionen, ergeben sich auch daraus einige Vorteile:
Neben dem geringeren Einsatz und der Begrenzung des Verlustes auf die Optionsprämie ergibt sich für den Op-

Frankfurter Optionsmarkt

Aktien (Auswahl) 15.10.87 **AEG** K300–27G/38/0 320–14/25G/38B 360–7.5/12B/17.5 V280–3.5/5.1G/9B 300–5.1G/10.5/15 **AGIV** K500–20B/0/0 V0 **Alcan ex** K70–0/3.5/0 V60–1.4G/0/0 **Alcan cum** K85–9G/0/0 V0 **BASF** K320–24/35/0 340–14/24/30 360–9/13/22 380–4.5/10/16B 400–3.8/6.5G/9 V300–1B/5/0 **Bayer** K320–50.1/60B/0 340–35/40B/50 360–20/32/0 380–14/23/30 400–6/14/22 420–5/7/10.5 V340–4/7/0 **Bay.Hyp.** K500–28/37/0 V500–0/40B/0 **BMW** K700–50/65G/0 750–25/45G/62 800–10B/32/44 850–4/12B/29B V650–8/11.5G/18G 700–20/28G/35G 750–40/52/0 **Bay.Vereinsb.** K500–15B/39/0 V0 **BBC** K0 V340–15/0/0 **Bewag** K150–11/16/0 V160–9G/0/0 **BHF** K500–16B/21B/0 V0 **Chrysler ex** K65–8/0/15B V70–5/7B/0 **Chrysler cum** K60–41.3G/0/0 V0 **Commerzbk.** K300–15/20/30 320–8/17B/21B 340–4.5B/11/18B 360–3/7/10 V280–7/11/0 300–16.5/23B/0 **Conti G** K340–12/0/24B 400–0/7.5/0 V320–7.1G/12.2/15.6B **Daimler** K1000–70/94/0 1100–38/55/75G 1200–16.5/42/50 1400–3.5/15/0 V1000–30/42G/65G 1100–70/99B/0 **Degussa** K500–5G/20G/0 V0 **Dt.Babcock** K260–8.9/17B/0 V0 **dgl.VA** K240–8B/12.5B/0 V0 **Dt.Bank** K700–22/48/58 750–13B/20/28 800–4/13/19G V600–4.5/12B/0 650–16/21/23 700–48/50/0 **Dr.Bank ex** K340–27/38B/45B 360–14.5/30B/34B 380–9/20B/28B 400–5/12/0 420–3B/8/14 V340–7/15.5/0 360–28B/30/33B **Dr.Bank cum** K380–13G/0/0 V0 **Elf Aquit.** K100–5.5/9B/0 V110–17G/0/0 **Feldm.Nobel** K320–15/0/0 V0 **Gen.M.** K150–0/12B/0 V140–8.55/0/0 **Harpener** K360–0/16.3G/0 V0 **Henkel** K0 V0 **Hoechst** K320–18/28/41B 340–10/20/30 360–7/10.35/20B 380–5B/7B/12.5 400–3.5B/6.5/0 V300–3.5/5G/0 320–7/13/17B **Hoesch** K120–14/20/0 130–9/15/20B 140–5/10/14 150–3.6/7G/9B 160–2B/4.3/6B V120–3B/5/0 130–6B/9.5/0 **IBM** K300–10G/19/28B 320–6B/12/20B V260–8/0/0 **Kali+S** K240–5B/13/0 V0 **Karstadt** K650–17B/31/0 V500–15B/0/0 **Kaufhof** K600–7.5/19B/25B V480–3.9B/6/10 500–5/10/20B **KHD** K190–14B/20B/25 200–8/15/20 220–5/10/14.5G V180–10B/0/0 **Klöckner vor KS** K0 V50–16.8/0/0 **Klöckner** K130–9.9/16/0 140–3.5G/10G/14.5 V140–14B/17/0 **Linde** K0 V700–0/12G/0 **Litton** K0 V0 **Lufth.** K180–14/25/0 190–9/0/21.1 200–4/13/16 V170–2B/0/0 **dgl.VA** K150–16.4G/30/0 V0 **MAN** K190–10G/0/25G V190–4/0/0 **dgl. VA** K180–11.5/0/0 V0 **Mannesm.** K170–19/25/0 180–12.3/20/26 190–8/14/17 200–6/10/15 220–3/6/7.5 V180–5/10/14B **Mercedes** K900–55/90B/115B 1100–15/28B/0 V1000–110/0/0 **Metallges.** K360–40G/46.1G/0 V0 **Nixdorf** K850–30G/0/0 V850–39/0/0 **Norsk H.** K60–10/15B/0 V65–3.5G/4G/0 **Philips** K45–3/5/6 V45–2/3B/4.4 50–6.2/6.4/7.2B **Porsche** K1000–35G/0/0 V900–30.5/0/0 **Preussag** K190–17/25B/0 200–12.2/19/26 V200–11.5/0/0 **RWE** K240–11/17.5/0 260–6/10/0 280–4B/6/0 V220–3/9B/0 **dgl.VA** K260–3/5B/10B V0 **Rütgers** K0 V0 **R.Dutch** K260–5B/0/0 V220–6B/0/0 **Schering** K700–8B/24/0 V0 **Siemens** K650–30/48/65B 700–14.5/26/45B 750–6B/18/25B V600–9.5/18.1/28B 650–25/32B/0 **Sony** K0 V60–0/3G/3.25G **Thyssen** K140–9/14/18 150–5/9/13 160–4/6/9G V130–5/7/0 140–8/10/0 **Unilever ex** K140–0/4B/0 V0 **Unilever cum** K0 V0 **Varta** K360–10G/0/0 V360–15G/0/0 **Veba** K320–12/20/28B 340–4.5/12B/18B 360–3/8B/11.5 380–0/3.5B/7.5 V300–5/9G/0 320–18/20/0 **VEW** K170–7B/10.5G/0 V0 **Viag** K220–16/24B/30G 240–8B/14/21B 260–4B/9/16 V200–3G/0/0 **VW** K380–20/30/44 400–13/22G/32 420–8/17B/22G 440–4B/11/0 480–2.8/6G/0 V340–3/6G/9G 380–15/19.5/30G 400–30/36/0 420–50/60B/0 **dgl. VA** K360–7/23.5/0 380–4/12/22 V0 **Wella** K0 V0 **Xerox** K140–3.5B/7G/0 V140–7G/0/0

Umsatz: 1860 Optionen = 95450 Aktien, davon 364 Verkaufsoptionen = 19750 Aktien

K = Kaufoption, **V** = Verkaufsoption; Notierung: Basispreis – Optionspreis zum Verfalltermin 15.1.88 / 15.4.88 / 15.7.88

Frankfurter Optionsmarkt

Aktien (Auswahl) **28.10.87** **AEG** K280–15/20/0 300–8/15/20 320–4/9.5/15 V260–20/21G/22G **AGIV** K500–5B/0/0 V0 **Alcan ex** K55–2.95/4.6B/0 V0 **Alcan cum** K0 V0 **BASF** K260–30/0/0 300–12/20/0 320–6/15/25 360–0/9/11 400–0/3/0 V240–3/6G/0 280–15/16/0 300–29/29.5/0 **Bayer** K300–20/30/34.8B 340–7/16.9/25 360–5/12/20 400–0/7/10 V260–12/17/0 280–15/18/0 320–38/40/0 360–77/80B/0 **Bay.Hyp.** K460–10/16G/0 V0 **BMW** K550–30/60B/70B 600–20/35/50B 700–9/16/30B 800–2.5/7.5/20 850–1.5/4/10.1G V500–22/23/30B 600–110/111/0 700–210G/211/0 **Bay.Vereinsb.** K500–2B/7.5G/10G V0 **BBC** K320–6G/0/0 V340–60/0/0 **Bewag** K140–8/12G/0 V0 **BHF** K550–1.25/0/0 V0 **Chrysler ex** K50–0/8.7/0 60–3/5/0 V65–22B/0/24B **Chrysler cum** K0 V0 **Commerzbk.** K260–10/20/27 280–6/11/20B 320–2.9/5/9 V240–15/19/0 260–24/25/0 280–43/45/0 **Continental** K280–12/18G/0 340–3.5G/5G/10 V280–37B/0/0 **Daimler** K1000–20/40/80 1100–13.5/28/40G 1200–5/20/20G V800–21/40G/0 900–95/100G/0 950–145/150/0 1000–195/200/0 **Degussa** K550–0/8/0 V400–25/0/0 **Dt.Babcock** K240–1.5B/6/0 V0 **dgl.VA** K240–1.3B/0/0 V0 **Dt.Bank** K550–40/50/70 600–20/35/39 650–12/25/27 800–1.5/5.1/8 V500–35/40/0 600–99/102/0 **Dr.Bank ex** K320–10/20G/30 360–5/13B/0 420–0/2.5G/5.5 V280–14.5/20/30 300–31/37/0 320–50/0/0 **Dr.Bank cum** K0 V0 **Elf Aquit.** K110–1B/4B/5B V0 **Feldm.Nobel** K280–17/20G/0 V0 **Gen.M.** K120–6B/10.5/0 V140–39.9B/42B/44B **Harpener** K360–0/0/13G V0 **Henkel** K0 V0 **Hoechst** K260–19/30/0 300–7/11/0 320–3.5/8B/14 340–1.5/5/10 V260–15/16G/20G 300–47/50/55G 320–70/71/75G **Hoesch** K110–10/16/0 120–5/10B/13 140–2B/6/7.2G 150–1.5/3.9/5 V100–2G/0/0 **IBM** K220–20/0/0 260–9/18/29 300–4G/9/12 320–2.2/5/8 V220–23/28/0 **Kali+S** K200–6.5/10G/0 V200–30G/0/0 **Karstadt** K460–18/0/0 500–10/25B/0 600–2/0/0 V460–42/0/0 **Kaufhof** K500–10/15/20G 550–6/8.2/12B V460–55/58/60 **KHD** K170–5/10/15 190–3B/5.5/9B V150–20/21G/0 170–38/40/0 180–48/50/0 **Klöckner vor KS** K0 V50–22/0/0 **Klöckner** K150–0/4/6 V120–14B/15/0 **Linde** K600–30G/0/0 V700–115B/116B/0 **Litton** K140–0/11G/0 V130–10G/13G/0 **Lufth.** K170–6/9B/0 180–4/6B/13 V170–33/0/0 **dgl.VA** K150–0/16/20 V0 **MAN** K180–7/12B/0 190–5/0/0 V150–8.9B/0/0 **dgl. VA** K160–5/0/0 V150–0/0/15B **Mannesm.** K160–8/16/18 170–5/12/16B 180–4/9/13.6 200–3/4/7B 220–1.5/3G/5.2 V150–0/10/13B 160–18.5/0/22B 180–38.5/40B/43B **Mercedes** K1000–5.5G/10B/0 V0 **Metallges.** K320–0/20G/0 V0 **Nixdorf** K700–20B/40/0 800–10/13B/22 V800–150B/0/0 **Norsk H.** K50–7/0/0 60–4/6/0 V50–4/0/0 **Philips** K35–4/6/8.5B 40–2/4/4.2 45–1G/3/0 V40–8B/0/0 **Porsche** K0 V900–260/0/0 **Preussag** K180–7.5/0/0 200–4.2/9.5G/0 V0 **RWE** K240–4.5/8.2/12 V200–4/7G/0 **dgl.VA** K240–3B/5G/8G V220–0/20B/0 **Rütgers** K0 V0 **R.Dutch** K220–4/0/14G V0 **Schering** K500–30G/0/0 V0 **Siemens** K500–40/0/0 550–25/40/45B 600–15/25/32B 700–4/10/15 V500–30/35G/0 600–115/0/0 700–0/220/0 **Sony** K0 V55–6G/7G/0 **Thyssen** K120–8/12/17 140–2/6.5/10 150–1G/4/7G V120–8/13B/0 **Unilever ex** K110–4.5G/10/0 V0 **Unilever cum** K0 V0 **Varta** K0 V0 **Veba** K260–20/0/38B 300–6/10/20B 320–4.5/9/0 V260–10/0/0 **VEW** K170–0/10.5/0 V160–7/10B/14B **Viag** K180–23/25/0 190–14/24/0 220–5/11/15B V200–12/15/0 **VW** K300–30/35B/40 340–10/25/30B 360–8/20/25 400–3.5/10/15B 440–0/7/0 V300–22/25/0 340–50/52G/0 360–70/71/0 400–110G/111/0 **dgl. VA** K400–0/5/9 V0 **Wella** K0 V0 **Xerox** K130–0/8G/0 V130–40B/0/0

Umsatz: 3501 Optionen = 179650 Aktien, davon 729 Verkaufsoptionen = 36700 Aktien

K = Kaufoption, V = Verkaufsoption; Notierung: Basispreis – Optionspreis zum Verfalltermin 15.1.88 / 15.4.88 / 15.7.88

tionskäufer eine höhere Liquidität, d.h. der Differenzbetrag zwischen Optionskauf und dem für einen Aktienkauf erforderlichen Betrag kann für andere Investitionen verwendet werden.
Der für einen Spekulanten sicherlich wichtigste Vorteil liegt in der ungleich höheren Gewinnchance, die ihm Optionen gegenüber Aktien bieten!
Untersuchen wir diese Aussagen aufgrund der aktuellen Entwicklung der letzten Börsenwochen. Wie haben sich Aktienkurse im Vergleich zu den Optionspreisen verändert?

Als Vergleichsbasis dienen uns die Kurse des Frankfurter Optionsmarktes aus der *FAZ* vom 16. 10. 87 und vom 29. 10. 87 (siehe S. 118/119).

Wie liest man den Kurszettel?

AEG K 300 - 27G/38/0 ... V 280-3,5/5,1G/9B

AEG = Name der Aktiengesellschaft, deren Aktien per Option gehandelt werden.

K bzw. V = es handelt sich um Kauf- bzw. Verkaufsoptionen

300 bzw. 280 = Der in DM notierte Basispreis der Option

27 G/38/0 = Die erste Zahl 27 gilt für den Verfalltag 15. 1. 88, wie am Ende des Kurszettels angegeben. Das G zeigt an, daß zu diesem Preis nur Nachfrage bestand. Der Optionspreis für eine Aktie beträgt 27,— DM. Der Optionspreis von 38,— DM mußte für eine Option zur Fälligkeit 15. 4. 88 bezahlt werden, und die 0 zeigt an, daß für den Fälligkeitstag 15. 7. 88 keine Optionen gehandelt wurden.

Gleiches gilt für die Verkaufsoption zum Basispreis von 280,— DM. Das Kürzel »B« für die Fälligkeit 15. 7. 88 zeigt an, daß nur Angebot bestand.

Der Kauf einer Kaufoption

Der Käufer der Kaufoption erwirbt das Recht, die Optionspapiere während der Optionsfrist zu kaufen. Er kann dieses Recht ausüben, ist jedoch dazu nicht verpflichtet. Sein Risiko beschränkt sich auf den gezahlten Optionspreis, der bei Abschluß des Geschäfts zu zahlen ist und verfällt, wenn die Optionspapiere nicht bezogen werden. Er rechnet mit *steigenden* Kursen, da er dann die zum Basispreis erworbenen Aktien sofort oder später zu einem höheren Tageskurs verkaufen kann.
Er kommt dann in die Gewinnzone, wenn das Tageskurs der Optionspapiere höher ist als sein Einsatz, der sich errechnet aus:

Basispreis
\+ Optionspreis
\+ Optionsgebühren
\+ Gebühren für den Kauf (bezogen auf den Basispreis)
\+ Gebühren für den Verkauf (bezogen auf den Verkaufspreis).

Eine Ausübung der Option ist auch dann empfehlenswert, wenn der Tageskurs der Optionspapiere höher liegt als der Preis, der sich ergibt aus

Basispreis
\+ Gebühren für den Kauf (bezogen auf den Basispreis)
\+ Gebühren für den Verkauf (bezogen auf den Verkaufspreis).

Man wird hier zwar keinen Gewinn erzielen, aber seinen Verlust vermindern, da durch einen sofortigen Verkauf der Aktien ein Teil des Optionspreises wieder verdient werden kann.

Beispiel:

Sie setzen trotz der unsicheren Börsenzeiten auf einen Wiederanstieg der Kurse und kaufen Kaufoptionen.

Stückzahl:	100
Optionspapier:	AEG
Optionsfrist/Fälligkeit:	15. 4. 88
Optionspreis:	15,– DM
Basispreis:	300,– DM

Ihre Berechnung (Aufwand nach der Ausübung) sieht folgendermaßen aus:

Basispreis
\+ Optionspreis
\+ Optionsgebühr
\+ Kaufgebühr (1,33% vom Basispreis)
\+ Verkaufsgebühr (1,33% vom Verkaufspreis)

Der Aufwand nach der Ausübung beträgt demnach 98,67%, der Kurs, bei dem die Gewinnzone beginnt, liegt bei 100%.

Das Ganze anhand einer Formel ausgedrückt:

$$\frac{\text{Aufwand nach Ausübung}}{98{,}67} \times 100 = \text{Gesamtaufwand}$$

$$\frac{\text{Gesamtaufwand}}{\text{Stückzahl}} = \text{Beginn der Gewinnzone}$$

In einer Formel vervollständigt:

$$\frac{\frac{\text{Aufwand nach Ausübung}}{98{,}67} \times 100}{\text{Stückzahl}} = \text{Beginn der Gewinnzone}$$

Fragen wir uns jetzt, wie hoch die AEG-Aktie steigen müßte, bis sie die Gewinnzone erreicht hat.

Unsere Rechnung:

Basispreis		30 000,– DM
Optionspreis	+	1 500,– DM
Optionsgebühr	+	90,– DM
Kaufspesen (1,33 v. 30 000,–)		399,– DM
Aufwand nach Ausübung	=	31 989,– DM

$$\frac{31\,989,\text{– DM}}{98{,}67} \times 100 = 32\,420{,}18 \text{ DM}$$

Unsere Gewinnzone beginnt folglich bei:

$$\frac{32\,420{,}18 \text{ DM}}{100} = 324{,}20 \text{ DM}$$

Eine noch bessere Möglichkeit, mit Kaufoptionen an steigenden Kursen zu partizipieren, ist der Kauf einer »laufenden« Option am Sekundärmarkt. Bei steigenden Aktienkursen steigt der Wert einer solchen Option überproportional an.
Gewinne von mehreren 100% sind bei großen Schwankungen des Aktienkurses keine Seltenheit.

Der Kauf einer Verkaufsoption

Für alle, die in den letzten Wochen herbe Verluste am Aktienmarkt einstecken mußten, wird es jetzt erst richtig interessant, denn nur mit Verkaufsoptionen läßt sich an fallenden Kursen Geld verdienen. Um diese Behauptung zu bestätigen, stellen wir die Kursentwicklung einiger Optionspreise von Verkaufsoptionen im Zeitraum vom 15. 10. 87 bis zum 28. 10. 87 gegenüber. Sie haben zum Vergleich den Kurszettel einige Seiten vorher zur Hand.
Picken wir uns drei Gesellschaften heraus, die es besonders hart getroffen hat:
BMW, Daimler und VW.

Zunächst die Entwicklung der Aktienkurse:

	15. 10. 87	28. 10. 87
BMW	715,– DM	493,– DM
Daimler	1034,50 DM	804,– DM
VW	371,50 DM	293,– DM

Kursverluste um etwa 30% mußten hingenommen werden.

Wer in diesen zwei Wochen auf Kaufoptionen gesetzt hatte, mußte Verluste in bisher seltener Höhe hinnehmen:

BMW-Kaufoption zum Basispreis 700,– DM
Fälligkeit 15. 1. 88
am 15. 10. 87 50,– DM.

Zwei Wochen später war diese Kaufoption nur noch 9,– DM wert! Ein Verlust von über 550%! Diese Beispiele ließen sich beliebig wiederholen. Wir wollen jedoch nicht über die Verluste anderer herziehen, sondern sehen, wie sich der Kursverfall bei den Verkaufsoptionen ausgewirkt hat.
Betrachten wir bei den drei Autofirmen eine Verkaufsoption mit Fälligkeit 15. 1. 87.

	15. 10.	28. 10.
BMW		
Basispreis 700,– DM	20,– DM	210,– DM/G
Daimler		
Basispreis 1000,– DM	30,– DM	195,– DM/G
VW		
Basispreis 400,– DM	30,– DM	110,– DM/G

Die Gewinnchancen bei Verkaufsoptionen werden hier sehr deutlich, prozentuale Gewinne von über 300% bis zu 1000% waren zu erzielen.

Der Käufer der Verkaufsoption erwirbt das Recht, die Optionspapiere während der Optionsfrist zu verkaufen. Ebenso wie der Käufer der Kaufoption kann er auf die

Ausübung dieses Rechts verzichten. Sein Risiko bleibt in jedem Fall auf den beim Abschluß des Geschäfts bezahlten Optionspreis beschränkt. Diesen Betrag verliert er, wenn er sein Recht nicht ausübt.
Auf unser Beispiel BMW bezogen: Dem Risiko, beim Kauf von 2 St. Optionen (= 100 St. Aktien) 2000,– DM plus Spesen zu verlieren, stand die Chance gegenüber, 21000,– DM zu erzielen.

Der Käufer der Verkaufsoption rechnet mit fallenden Kosten, da er dann die gegenwärtig niedriger bewerteten Aktien an der Börse erwerben und zum höheren Basispreis an den Verkäufer der Verkaufsoption verkaufen kann. Dieser Abschluß wird für ihn rentabel, wenn der Tageskurs niedriger ist, als der sich aus der folgenden Rechnung ergebende Kurs:

Basispreis
./. Optionspreis
./. Optionsspesen
./. Verkaufsgebühren (bezogen auf den Basispreis)
./. Kaufgebühren (bezogen auf den Tageskurs)

Wenn der Aktienkurs nicht soweit absinkt, aber niedriger ist als der Basispreis minus der Spesen für Kauf und Verkauf, lohnt sich eine Ausübung ebenfalls, da sich dann der Verlust vermindert.

Auch dazu ein rechnerisches Beispiel:

Kauf einer Verkaufsoption

Stückzahl:	100
Optionspapier:	BASF
Optionsfrist/Fälligkeit:	15. 4. 88
Optionspreis:	16,– DM
Basispreis:	260,– DM

Ihre Berechnung sieht folgendermaßen aus (Aufwand nach Ausübung):

Basispreis
./. Optionspreis
./. Optionsgebühr
./. Verkaufsgebühr (1,33 bezogen auf den Basispreis)
./. Kaufgebühr (1,33 bezogen auf den Tageskurs)

Der Erlös nach der Ausübung entspricht somit 101,33 %. Der Kurs, bei dem die Gewinnzone beginnt, liegt bei 100 %.

Das Ganze anhand einer Formel ausgedrückt:

$$\frac{\text{Erlös nach Ausübung}}{101{,}33} \times 100 = \text{Gesamterlös}$$

$$\frac{\text{Gesamterlös}}{\text{Stückzahl}} = \text{Beginn der Gewinnzone}$$

In einer Formel zusammengezogen:

$$\frac{\frac{\text{Erlös nach Ausübung}}{101{,}33} \times 100}{\text{Stückzahl}} = \text{Beginn der Gewinnzone}$$

Fragen wir uns jetzt, bis zu welchem Kurs die BASF-Aktie fallen müßte, damit wir die Gewinnzone erreichen.

Unsere Rechnung:

Basispreis:	26 000,– DM
./. Optionspreis	1 600,– DM
./. Optionsgebühr	90,– DM
./. Verkaufsgebühren (1,33 % v. 26 000,–)	345,80 DM
=	23 964,20 DM

Diese Summe entspricht unserem Erlös nach Ausübung der Option (= 101,33%).

$$\frac{23\,964{,}20\ \text{DM}}{101{,}33} \times 100 = 23\,649{,}66\ \text{DM}.$$

$$\frac{23\,649{,}66\ \text{DM}}{100} = 236{,}50\ \text{DM/Stück}$$

Die Gewinnzone für unsere Verkaufsoption beginnt damit beim Kurs der BASF-Aktie von 236,50 DM. Je weiter der Kurs unter diese Zahl sinkt, um so höher wird unser Gewinn sein.

Sehr viel lukrativer wird für einen spekulativ eingestellten Käufer einer Verkaufsoption dieses Geschäft, wenn er nur die Verkaufsoption erwirbt, ohne die entsprechenden Papiere in seine Rechnung aufzunehmen. Bei fallenden Kursen steigt der Wert der Verkaufsoption, wie an vorangegangenen Beispielen gezeigt, überproportional an.
Die Spekulation auf eine Baisse anhand von Verkaufsoptionen ist damit deutlich geworden.

Als vorsichtiger Anleger wollen Sie aber nicht nur an fallenden Kursen verdienen, sondern auch die Aktien, die Sie schon vor längerer Zeit erworben haben, vor einem Kursverfall schützen. Dazu unser nächstes Beispiel, die Absicherung im Depot befindlicher Aktien gegen Kursverluste:

Hat ein Anleger seine Wertpapiere vor einiger Zeit zu deutlich niedrigeren Kursen erworben, als sie jetzt an der Börse notiert werden, und befürchtet er einen nach Ausmaß und Dauer ungewissen Rückgang, hat er mit Verkaufsoptionen ein »Sicherungsinstrument« zur Hand. Er kann damit für einen längstmöglichen Zeitraum von 9 Monaten seine bisherigen Gewinne aus den Aktien und damit seinen Bestand gegen eventuelle Kursverluste

schützen. Steigen die Aktien entgegen seinen Befürchtungen, nimmt er an den Kursaufschwüngen teil, verliert dagegen nur seine eingesetzte Optionsprämie.
Wer sich über die weitere Entwicklung im unklaren ist, also nicht fest mit einer negativen Trendwende rechnet oder auch eine längerdauernde Seitwärtsbewegung nicht ausschließt, wird zweckmäßigerweise einen Basispreis wählen, der unter dem aktuellen Aktienkurs liegt. In diesem Fall liegt die zu zahlende Optionsprämie relativ niedrig, ein Gewinn daraus kann aber auch nur bei extremen Kursstürzen erwirtschaftet werden.
Zum Verhältnis Basispreis – Optionspreis gilt grundsätzlich:

Bei Kaufoptionen: Je höher der Basispreis, je länger die Laufzeit im Vergleich zum aktuellen Tageskurs, um so billiger ist die Kaufoption.

Bei Verkaufsoptionen: Je höher der Basispreis, je länger die Laufzeit im Vergleich zum aktuellen Tageskurs, um so teurer ist die Verkaufsoption.

Rechnerisches Beispiel:

Sie besitzen 100 Aktien der Fa. BMW AG. Am 28. 10. 87 wird die BMW-Aktie mit 493,— DM notiert.

Verkaufsoptionen zum Basispreis 500,— DM kosteten
zum 15. 1. 88 22,— DM
zum 15. 4. 88 23,— DM
zum 15. 7. 88 30,— DM

Sie kaufen nun 2 Verkaufsoptionen zum Basispreis 500,— DM, Fälligkeit 15. 4. 88 und bezahlen dafür 2300,— DM plus Spesen.
Damit erwerben Sie das Recht, ihrem Kontrahenten, dem »Stillhalter in Geld« die 100 BMW-Aktien jederzeit innerhalb der Frist bis zum 15. 4. 88 zu einem Basispreis von 500,— DM zu verkaufen. Er muß diese Aktien annehmen und bezahlen. Dafür erhält er von Ihnen sofort bei

Geschäftsabschluß die Optionsprämie von 2300,— DM. Fällt in der Laufzeit der Option der Kurs der BMW-Aktie z.B. auf 460,— DM, machen Sie damit ein gutes Geschäft, denn nun verkaufen Sie die Aktien zum vereinbarten Basispreis von 500,— DM und stellen folgende Rechnung auf (Kosten und Spesen lassen wir hier der Einfachheit halber außer acht):

Erlös aus dem Verkauf von 100 BMW-Aktien zum Kurs von 500,— DM	=	50 000,— DM
Kosten der Verkaufsoption	=	2 300,— DM
Gesamterlös	=	47 700,— DM

Ohne den Erwerb der Verkaufsoption hätten Sie bei einem Kurs von 460,— DM nur einen Gesamterlös von 46 000,— DM erzielt, so daß Sie sich einen Gewinnvorteil von 1700,— DM verschafft haben.
Entwickelt sich der Kurs nun in die entgegengesetzte Richtung — nehmen wir an, bis 15. 4. 88 hat sich die Aktie wieder auf 560,— DM erholt — würde es sich nicht lohnen, die Option auszuüben. Sie würden Ihre Verkaufsoption verfallen lassen. Sie haben dann zwar Ihre »Versicherungsprämie« von 2300,— DM in den Sand gesetzt, trösten sich aber mit dem gestiegenen Kurs und verkaufen die Aktie dann zu 560,— DM.

Der Vorteil einer Gewinnabsicherung durch Verkaufsoptionen wird eindeutig erkennbar:

- Bereits erworbene Gewinne bleiben Ihnen erhalten,
- und Sie können an weiteren Kurssteigerungen teilnehmen.

Um sich bei steigenden Kursen gegen Rückschläge und Konsolidierungsphasen abzusichern — damit wird man in den nächsten Monaten häufiger rechnen müssen — ist diese Methode die preiswerteste Versicherung, da bei steigenden Aktienkursen der Optionspreis für Verkaufsoptionen sinkt.

Diese Erkenntnis hat sich bei vielen Wertpapierbesitzern noch nicht durchgesetzt, denn selbst während der Kursstürze der letzten Wochen wurden immer noch sehr viel mehr Kaufoptionen umgesetzt als Verkaufsoptionen. Ein Zeichen für den Optimismus der Börsenteilnehmer oder ein Hinweis auf die Unkenntnis der Wirkung von Verkaufsoptionen?

Die legale Vermeidung der Steuerpflicht von Spekulationsgewinnen durch Verkaufsoptionen

Für Börsenneulinge, die bisher noch nichts mit Spekulationsgewinnen zu tun hatten, ein kleiner Exkurs zum Thema: Die steuerliche Behandlung von Spekulationsgewinnen aus Aktiengeschäften.
Grundlage der Besteuerung von Wertpapiererträgen und Spekulationsgewinnen sind die §§ 22 und 23 des Einkommensteuergesetzes. Ohne Sie lange mit Paragraphen und Gesetzesdeutsch zu langweilen, konzentrieren wir uns auf die wesentlichen Aussagen.
Als »sonstige Einkünfte« werden in § 22 die Einkünfte aus Spekulationsgeschäften genannt, die der Einkommensteuer unterliegen. Dazu gehören nach § 23 Veräußerungsgeschäfte, bei denen der Zeitraum zwischen Abschaffung und Veräußerung von Wertpapieren nicht mehr als sechs Monate beträgt.
Konkret sagt das Gesetz dazu: Gewinn oder Verlust aus Spekulationsgeschäften ist der Unterschied zwischen dem Veräußerungspreis einerseits und dem Anschaffungspreis plus der entstandenen Werbungskosten andererseits. Gewinne aus Spekulationsgeschäften bleiben steuerfrei, wenn der aus Spekulationsgeschäften erzielte Gesamtgewinn im Kalenderjahr weniger als 1000 Deutsche Mark betragen hat. Verluste aus Spekulationsgeschäften dürfen nur bis zur Höhe des Spekulationsgewinns, den der Steuerpflichtige im gleichen Kalenderjahr erzielt hat, ausgeglichen werden.

Im Klartext bedeutet dies für einen Aktionär, dem nicht viel daran liegt, den mühsam erwirtschafteten Gewinn mit Vater Staat zu teilen, daß er auf legalem Weg nach Möglichkeiten sucht, diesen Bestimmungen auch positive Seiten abzugewinnen. Er wird auf folgendes achten:

1. Er sorgt dafür, daß zwischen An- und Verkauf von Aktien derselben Gesellschaft mehr als sechs Monate liegen.

2. Die Spekulationsgewinne des gesamten Jahres sollten unter 1000 DM bleiben. Realisierte Verluste innerhalb der Sechs-Monatsfrist sind zur Verrechnung zugelassen, können jedoch nicht mit anderen Einkünften verrechnet werden.

3. Die Freigrenze von 1000 DM steht jedem Ehepartner zu. Sinnvoll ist daher die Einrichtung zweier getrennter Wertpapierdepots, aus denen die abgeschlossenen Wertpapiergeschäfte ersichtlich sind.

4. Vor Jahresende sollte der Aktionär prüfen, ob Papiere, die bisher Verluste eingebracht haben, verkauft werden können, um den Spekulationsgewinn unter die Freigrenze zu drücken.

5. Das Finanzamt geht bei der Bewertung Ihrer Wertpapiergeschäfte nach dem Lifo-Verfahren vor (last in — first out). Dies bedeutet, die zuletzt gekauften Aktien gelten als zuerst verkauft. Wenn Sie in einem bestimmten Zeitraum mehrere Male Aktien derselben Gesellschaft erwerben und innerhalb der Spekulationsfrist von sechs Monaten einen Teil dieser Papiere wieder verkaufen (mit Gewinn), müssen Sie nachweisen können, daß es gerade die Aktien sind, die schon länger als sechs Monate im Depot liegen. Diese Beweisführung gelingt Ihnen nur, wenn die Papiere in einem eigenen Depot verwahrt wurden.

Wie sinnvoll die Einrichtung mehrerer Depots ist, wird von Ihrem Handelsvolumen und den entstehenden Kosten abhängen.
Kommen Sie mit Ihren Spekulationsgewinnen dennoch über die Freigrenze, können Sie entsprechende Werbungskosten wie Depotgebühren, Fahrten zur Hauptversammlung, erforderliche Spezialliteratur (wie den Kauf dieses Buches) geltend machen. Daneben gewährt der Staat noch einen Sparerfreibetrag.
Die Frage, ob Kreditzinsen für die Anschaffung von Wertpapieren als Werbungskosten anerkannt werden, hat schon viele Anleger und die Finanzgerichtsbarkeit bewegt. Grundsätzlich gilt: Kreditzinsen für die Anschaffung von Wertpapieren sind nur dann abzugsfähig, wenn die Absicht des Käufers erkennbar ist, steuerpflichtige Wertpapiereinnahmen, sprich: Dividenden zu erzielen. Steht die Absicht im Vordergrund, Wertsteigerungen zu realisieren, so sind die Kreditkosten insgesamt nicht abzugsfähig.

Soweit die allgemeinen Ausführungen zur Besteuerung von Spekulationsgewinnen. Doch nun zurück zur Frage, welche Rolle Verkaufsoptionen zur Verringerung der Steuerpflicht beitragen können.
Durch den Erwerb einer Verkaufsoption läßt sich der Verkaufstermin verschieben, bis die sechsmonatige Spekulationsfrist abgelaufen ist und Kursgewinne steuerfrei vereinnahmt werden können. Gleichzeitig schützt sich, wie schon beschrieben, der Anleger vor Kursverlusten, denn er sichert sich mit der Verkaufsoption den aktuellen Börsenkurs auf die maximale Dauer von 9 Monaten. Wie ist dieser steuersparende Effekt zu erzielen?

Allgemein ist die Nutzung einer Verkaufsoption als Steuersparinstrument dann von Vorteil, wenn der zu versteuernde Gewinn minus dem persönlichen Steuersatz größer ist als der Optionspreis.

Beispiel:

Sie haben vor vier Monaten 100 Aktien zu 220,— DM gekauft, und die Aktien sind innerhalb dieses Zeitraums auf 260,— DM gestiegen. Wenn Sie diese Aktien nun verkaufen, um Ihren »Gewinn zu realisieren«, wie es so schön im Börsenjargon heißt, ist das Finanzamt der lachende Zweite, denn gemäß der genannten §§ 22 und 23 des Einkommensteuergesetzes müßten Sie nun 4000,— DM als Spekulationsgewinn versteuern: Sie haben die Wartefrist von sechs Monaten nicht eingehalten und die Freigrenze von 1000,— DM weit überschritten.
Bei einer Steuerprogression von z.B. 40% müßten Sie nun dem Finanzamt 1600,— DM opfern, es verblieben Ihnen damit nur noch 2400,— DM. Durch den Kauf einer Verkaufsoption mit dem Basispreis 260,— DM und einer mindestens dreimonatigen Laufzeit — damit Sie über den Zeitraum von sechs Monaten kommen — z.B. zum Preis von 6,— DM, vermeiden Sie die Steuerpflicht.
Ihr Kursgewinn von 4000,— DM bleibt voll erhalten, denn Sie haben den Kurs von 260,— DM nach unten abgesichert. Anstelle der Einkommensteuerschuld von 1600,— DM opfern Sie 600,— DM (100 × 6,— DM) für den Kauf der Verkaufsoption und sparen somit glatte 1000,— DM (1600,— DM Steuerersparnis minus der 600,— DM Kosten der Verkaufsoption).
Bei einer höheren Progression sieht das Rechenbeispiel für den Anleger noch vorteilhafter aus. Ein weiterer Vorteil wird durch den Kauf der Verkaufsoption deutlich: Sie halten Ihre Aktien weiterhin im Depot und wahren dadurch Ihre Chancen bei einer Fortsetzung des Kursanstiegs.

Wenn Ihnen das Optionsgeschäft bisher zu risikoreich oder zu undurchschaubar erschien, sollten Sie diese Beispiele eines Besseren belehren: Es gibt im deutschen Wertpapiergeschäft keine einfachere und bessere Absicherung von Wertpapierdepots als den Einsatz von Verkaufsoptionen.

Eine letzte Variante für Anleger, die sich nicht entscheiden können, ob Sie nun auf Hausse oder auf Baisse setzen, aber für alle Fälle ein Eisen im Feuer haben wollen:

Die Kombination von Kauf- und Verkaufsoptionen

Von den vielen Variationsmöglichkeiten abgesehen, die den auf Sicherheit bedachten Anleger zunächst nur verwirren, ist der gleichzeitige Kauf von Kauf- und Verkaufsoptionen eine Strategie, mit der man gleichzeitig auf Hausse und auf Baisse spekulieren kann. Diesen Weg wird ein Anleger einschlagen, wenn er eine hohe Kursbeweglichkeit bzw. starke Kursänderungen nach oben *und* nach unten erwartet. Also ein Vorgehen, das bei den derzeit unsicheren Kursverhältnissen in Erwägung gezogen werden kann.
Voraussetzung für einen Gewinn: Die Kursausschläge nach oben und nach unten müssen größer sein als die Summe der gezahlten Optionspreise plus Spesen. Das Risiko, das jeder Anleger hierbei beachten muß, ist die Tatsache, daß dazu zwei Aufträge notwendig sind — ein Kauf einer Kaufoption und ein Kauf einer Verkaufsoption —, jedoch nach den herrschenden Börsenregeln niemand für die Ausführung der Aufträge garantiert.

Was im US-Optionsgeschäft unter dem Namen »Straddle« (eine Kombination von Kaufoptionen — calls — und Verkaufsoptionen — puts) bekannt ist, läßt sich auch auf deutsche Verhältnisse übertragen.
Diese Strategie werden Sie verfolgen, wenn Sie einer Aktie starke Kursschwankungen nach oben und nach unten zutrauen. Vor dem Kauf der beiden Optionen werden Sie die ausgewählte Aktie auf ihr bisheriges Verhalten untersuchen. Dazu bedienen Sie sich eines sog. »charts«, also

eines Diagramms, aus dem Sie die Kursbewegungen der letzten Monate ablesen können.
Stellen Sie fest, daß sich die ausgewählte Aktie in der Vergangenheit in einem sehr engen Trendkanal bewegt hat, wird sie für Ihr Vorgehen nicht geeignet erscheinen, denn Sie können nur Gewinne erzielen, wenn es zu kräftigen Kursausschlägen nach unten und nach oben kommt.
Wodurch zeichnet sich nun diese Strategie aus?
Sie kaufen also gleichzeitig eine Kauf- und eine Verkaufsoption mit gleichem Basispreis und gleichem Verfalldatum.
Bei einem starken Kursanstieg kann die Kaufoption mit Gewinn verkauft werden, oder sie üben die Option aus. Kommt es dagegen zu einem Kurseinbruch, werden Sie Ihre Verkaufsoption zum nun gestiegenen Preis veräußern, oder die Aktien dem Kontrahenten zum vereinbarten Basispreis anbieten. Für diese Strategie optimal wäre demnach ein Kursanstieg, dem ein kräftiger Kurseinbruch folgt, weil Sie dann beide Geschäfte mit Gewinn abschließen können. Auch die umgekehrte Reihenfolge, zuerst der Kurseinbruch und dann die kräftige Erholung, würde sich für Sie vorteilhaft auswirken.

Beispiel:

Sie kaufen am 28. 10. 87 eine Kaufoption der Hoechst-Aktie zum Basispreis 260,— DM mit der Fälligkeit 15. 1. 88 zum Optionspreis von 19,— DM. Erforderlicher Einsatz 19,— DM × 50,— DM = 950,— DM plus Spesen.
Gleichzeitig erwerben Sie eine Verkaufsoption zum gleichen Basispreis von 260,— DM zum 15. 1. 88, für die Sie 15,— DM × 50,— DM = 750,— DM aufwenden müssen.
Ihr Gesamteinsatz beträgt also 1700,— DM plus der Gebühren für zwei Abschlüsse.
Die Aktie wird zum Zeitpunkt des Erwerbs mit 255,— DM notiert. Da Sie nun auf eine Aktie bezogen jeweils 34,— DM (19,— DM plus 15,— DM) eingesetzt haben,

kommen Sie erst dann in die Gewinnzone, wenn sich die Aktie um mindestens 34,— DM plus der Spesen nach oben oder unten bewegt. Würde sich der Kurs während der Laufzeit in einem Kanal von 255,— DM bis 260,— DM bewegen, wäre das gesamte Kapital verloren.
Bei steigenden Kursen könnten Sie folgende Rechnung aufmachen: Anstieg der Aktie auf frühere Höchstkurse von 340,— DM:

Gewinn je Aktie		80,— DM
./. Gesamtkosten		34,— DM
Verbleibender Gewinn je Aktie	=	46,— DM.

Fiele der Kurs auf 200,— DM, was in der jetzigen Situation noch als unrealistisch erscheint, könnte die Verkaufsoption ausgeübt werden, und der Gewinn läge bei 60,— DM minus 34,— DM = 26,— DM je Aktie.
Beim Verkauf der Kauf- bzw. der Verkaufsoption am Sekundärmarkt, wo sich bei steigenden bzw. fallenden Kursen ein höherer Optionspreis erzielen ließe, ergäbe sich ein entsprechender Gewinn.
Deutlich wird aus diesen Beispielen, daß ein Käufer einer sog. »Doppeloption« nur dann einen Gewinn erzielen kann, wenn der Kurs vor dem Verfall der Option um die Summe der Optionspreise für Kauf- und Verkaufsoption steigt oder fällt.
Da es sich hier um zwei Kaufabschlüsse handelt, müssen die höheren Spesen berücksichtigt werden, die kräftige Kursschwankungen erfordern, um die Gewinnzone zu erreichen.
Die Überlegungen, die einer solchen Doppeloption vorausgehen, sind sowohl von einem Spekulations- als auch von einem Sicherheitsmotiv beeinflußt. Die erhofften Kursschwankungen werden in der Regel nur von unsicheren Papieren oder in unsicheren Zeiten ausgeführt, der Verkäufer spekuliert gleichzeitig auf Hausse und Baisse. Für sein Sicherheitsstreben ist er bereit, die wesentlich höhere Optionsprämie zu akzeptieren, die ihn immer mit

einer Hälfte gegen den totalen Verlust der Optionsprämie absichert.
Auf der anderen Seite muß er ständig die Fälligkeit im Auge behalten, denn kommt es auch nur einen Tag nach der Fälligkeit zum erhofften Kursanstieg, ist das eingesetzte Kapital verloren.

Der gleichzeitige Kauf von Aktien und Verkaufsoptionen

Das »Non plus ultra«, die Absicherung par excellence, die Sie aus den bisherigen Ausführungen ableiten können, ist der gleichzeitige Kauf von Aktien und Verkaufsoptionen.
Gerade wenn Sie jetzt daran denken, die gefallenen Kurse für einen profitablen Einstieg zu nutzen, sollten Sie nicht vergessen, daß die Kurse in den nächsten neun Monaten nicht nur in eine Richtung marschieren. Es gibt keine billigere Versicherung gegen einen Kurssturz als die Optionsprämie für eine Verkaufsoption.
Das in der Fachliteratur »Hedge-Geschäft« genannte Vorgehen ist nichts anderes als der Kauf von Aktien und der gleichzeitige Kauf von Verkaufsoptionen. Es gibt darüber hinaus im Warenterminhandel und im US-Optionsgeschäft zahlreiche Varianten eines solchen Hedge-Geschäfts, doch wir beschränken uns auf die einfache Variante.
Ein Hedge-Geschäft (to hedge = absichern, eingrenzen) ist die Absicherung eines finanziellen Risikos durch ein gleichzeitiges Gegengeschäft.
Nicht nur im Devisen- und Warenterminhandel lassen sich Risiken damit begrenzen, sondern auch beim Kauf spekulativer Aktien, denen man große Kurssprünge zutraut, die aber aufgrund ihres engen Marktes oder brisanter Wirtschaftsentwicklung genausogut nach unten stürzen können.
Zu den Grundkenntnissen des Aktienkaufs gehören daher dringend auch die Grundkenntnisse des Optionsgeschäfts. Viele Aktienbesitzer hätten in der Vergangenheit

Kursverluste auffangen können, wenn ihnen der Handel mit Optionen geläufig gewesen wäre!

Beispiel für ein solches Hedge-Geschäft:

Kauf von 100 Daimler-Aktien am 28. 10. 87 zum Kurs von 804,— DM und gleichzeitiger Kauf einer Verkaufsoption Basispreis 800,— DM zum 15. 4. 87 zum Optionspreis von 40,— DM. Damit haben Sie den Kurs der Daimler-Aktie nach unten abgesichert.
Sollte es trotz aller optimistischen Vorhersagen im nächsten Vierteljahr noch einmal zu einem Rückschlag kommen, kann Ihnen nichts passieren. Ganz gleich, wie tief dann der Kurs der Daimler-Aktie fällt, Sie verlieren höchstens Ihren Optionspreis von 4000,— DM. Im Vergleich zu Ihrem Kursrisiko, das Sie mit Ihrem Engagement eingegangen sind (804,— DM × 100 Stk. = 80 400,— DM), eine minimale Versicherungsprämie.
Steigt der Kurs, werden Sie auf eine Ausübung der Option verzichten, und an den Kurssteigerungen teilnehmen, fällt er, können Sie die Option zum Basispreis von 800,— DM ausüben oder die im Wert gestiegene Verkaufsoption weiterverkaufen.
Ihre Überlegungen, ob Sie bei fallenden Kursen die Aktien zum vereinbarten Basispreis verkaufen, oder im Besitz der Aktien bleiben wollen und die gestiegene Verkaufsoption verkaufen, werden von mehreren Faktoren beeinflußt:

- die zukünftigen Erwartungen, die Sie mit der Gesellschaft verbinden (wird sich die Firma in absehbarer Zeit vom Kursrückschlag erholen?)
- den Kosten des Geschäftes
- steuerliche Gesichtspunkte (siehe Spekulationsfrist).

Bei allen Strategien, die im Optionshandel durchführbar sind, wird der Käufer von Kauf- oder Verkaufsoptionen zwei Faktoren nie aus den Augen verlieren:

1. den wirtschaftlichen Hintergrund und Ausmaß und Richtung möglicher Kurschancen der entsprechenden Aktie,
2. die zeitliche Abstimmung, das »Timing« vom Erwerb der Option bis zum Fälligkeitszeitpunkt.

Hinweise für Teilnehmer am Optionsgeschäft

Die bisherigen Ausführungen dienten im wesentlichen dazu, dem Anleger die Absicherungsmöglichkeiten und Gewinnchancen bei fallenden Kursen zu verdeutlichen. Selbstverständlich kann man im Optionsgeschäft auch bei steigenden Kursen großes Geld verdienen, wie an einigen Beispielen ersichtlich wurde. Dennoch sollte man als vorsichtiger Spekulant den Handel mit Optionen nicht als den geraden Weg zum Reichtum betrachten!
Bei einer Darstellung des Optionsgeschäfts mit seinen Chancen und Risken wird immer wieder die Begrenzung des Verlustes herausgestellt, der von Anfang an berechenbar und überschaubar bleibt.
Erträglich wird dieses Risiko dadurch, daß der eingesetzte Betrag nicht durch Nachschußforderungen erhöht werden muß, und dem Totalverlust eine Gewinnchance von mehreren hundert Prozent gegenübersteht.
Doch wie die Börsenstatistik der letzten Jahre beweist, war in den allermeisten Fällen der »Stillhalter« der lachende Gewinner. In rund 70% aller abgeschlossenen Optionsgeschäfte verfiel die Option, und der Stillhalter konnte den Optionspreis kassieren, ohne liefern oder abnehmen zu müssen. Auf diese Variante werden wir anschließend noch eingehen.

Allen künftigen Teilnehmern am Optionshandel seien einige praktische Ratschläge ans Herz gelegt:

- Achten Sie wie beim Erwerb von Aktien auch hier darauf, daß Sie nie Ihr gesamtes Kapital in Optionen riskieren! Während beim Aktiengeschäft ein Totalverlust relativ unmöglich erscheint, müssen Sie ihn beim Optionsgeschäft einkalkulieren. Wenn Sie erst nach einigen Monaten einen Irrtum in Ihrer Anlagestrategie erkennen, ist der Wert Ihrer Option mit Sicherheit gesunken.

- Diversifikation auch beim Kauf von Optionen!
  Auch hier läßt sich durch eine Risikostreuung Ihr Gesamtrisiko vermindern. Wenn Sie die Meinung vertreten, daß die Aktien der Chemie zukünftig einen Kursaufschwung erleben, sollten Sie nicht nur Kaufoptionen der Hoechst AG, sondern auch von BASF oder Bayer erwerben. Gleiches gilt natürlich auch für die anderen Branchen.
- Wenn Ihre Option die Gewinnzone erreicht hat und Zweifel am weiteren Kursverlauf bestehen, gibt es nur eines: aussteigen! Viele Optionskäufer müssen Verluste hinnehmen, weil sie nicht das Ende eines Kursaufschwungs erkennen wollen. Denken Sie stets daran, daß bei Optionen der Zeitfaktor eine gewichtige Rolle spielt. Während Sie bei Kursabschlägen von Aktien die Durststrecke durchhalten können und auf bessere Zeiten warten, ist bei der Option der Fälligkeitstermin abgelaufen und die Chance einer Gewinnrealisierung dahin.
  Die Zeit arbeitet immer gegen den Käufer und für den Stillhalter!
- Behalten Sie ständig die Kursentwicklung der Aktie und der Option im Auge. Bei einer Fehleinschätzung der Lage kann immer noch versucht werden, die Option mit einem kleinen Verlust am Sekundärmarkt zu verkaufen. Voraussetzung: Sie warten nicht zu lange mit dem Verkauf. Damit retten Sie wenigstens einen Teil des eingesetzten Optionspreises!
- Beachten Sie beim Kauf einer Option die Relation zwischen Basispreis und Laufzeit. Vergleichen Sie die Optionspreise zwischen den einzelnen Fälligkeitsdaten.

Wenn dazwischen eine geringe Differenz besteht (in unserem Beispiel der BMW-Aktie nur 1,— DM zwischen der Fälligkeit 15. 1. und 15. 4.), sollten Sie auf jeden Fall den späteren Fälligkeitstermin wählen! Längere Laufzeiten müssen mit einem höheren Optionspreis bezahlt werden. Dieser ist es in den meisten Fällen wert, denn die Gefahr, daß die Zeitspanne für den erwarteten Kursanstieg zu kurz gewählt wurde, ist sehr groß, und die Optionsprämie verfällt.

- Demgegenüber stehen manchmal sehr niedrige Optionspreise für kurze Restlaufzeiten. Wenn Ihnen das Risiko überschaubar erscheint und Sie der Aktie innerhalb weniger Wochen noch einen kräftigen Kursschub zutrauen, lassen sich mit solchen »Abstauberoptionen« gelegentlich interessante Abschlüsse verwirklichen. Ein Beispiel für einen solchen Einsatz wäre (vgl. Frankfurter Optionsmarkt v. 28. 10. 87) eine Kaufoption der Fa. Hoesch AG (wurde beliebig ausgewählt!) mit dem Basispreis 120,— DM für einen Optionspreis von 5,— DM mit der Restlaufzeit bis zum 15. 1. 88.
  Wenn Sie diese Zeilen lesen, können Sie nachprüfen, ob Sie damit zum Zuge gekommen wären! (Kurs der Aktie zu diesem Zeitpunkt: 108,50 DM)
- Optionen werden sowohl an der Frankfurter als auch an der Düsseldorfer Börse gehandelt. In Düsseldorf ist das Handelsvolumen weitaus geringer als in Frankfurt. Wenn Sie auf einen erfolgreichen Abschluß hoffen, ist demnach die Chance, einen Handelspartner zu finden, in Frankfurt weitaus größer.

Die Bedeutung des Stillhalters beim Optionsgeschäft

Wir sind bisher nur als Käufer von Kauf- bzw. Verkaufsoptionen aufgetreten. Logischerweise gelingt ein Kaufabschluß nur, wenn auf der anderen Seite ein Verkäufer bereit ist, die gewünschten Optionen zu verkaufen.

Der Verkauf einer Kaufoption

Der Verkäufer von Kaufoptionen, der sog. »Stillhalter in Wertpapieren« muß bis zum Fälligkeitstermin abwarten, ob sein Kontrahent während der Laufzeit die Aktien zum vereinbarten Basispreis abruft. Für dieses »Stillhalten« kassiert er bei Abschluß des Geschäfts die Optionsprämie.

Die Motivation der Stillhalter ist klar: im Gegensatz zum Käufer rechnen sie mit stagnierenden oder leicht fallenden Kursen, weil sich dann die Ausübung der Option für den Käufer nicht lohnt und sie den Optionspreis als zusätzliche Einnahme verbuchen können.

Auf der Verkäuferseite treten häufig Kreditinstitute oder Besitzer großer Wertpapierbestände auf, was Sie als Kleinanleger jedoch nicht hindern sollte, auf Ihren Bestand von mindestens 50 Aktien auch Optionen zu verkaufen.

Folgende Ziele werden damit verfolgt:

- Durch die Einnahme des Optionspreises verringert sich der Einstandspreis der Wertpapiere.
- Die Rendite der Geldanlage erhöht sich, wenn die Option nicht ausgeübt wird.

Beispiel:

Am 28. 10. 87 verkauft ein Anleger zwei Kaufoptionen der AEG-Aktie zum Basispreis von 300,— DM, Fälligkeit 15. 7. 87, und kassiert dafür je Aktie 20,— DM = 2000,— DM. Er erwartet leicht rückläufige bzw. stagnierende Kurse. Zu diesem Zeitpunkt notiert die Aktie bei 263,— DM. In den folgenden Monaten bewegt sich der Kurs z.B. zwischen 270,— DM und 300,— DM. Damit würde sich die Ausübung der Option für den Käufer nicht lohnen, womit der Verkäufer der Option je Aktie zusätzlich 20,— DM verdient hat und seine Aktien behalten kann.

Stiege der Kurs nun entgegen den Erwartungen des Optionsverkäufers auf z.B. 340,— DM, würde der Käufer sein Recht geltend machen und die Aktien zum vereinbarten Basispreis von 300,— DM fordern.
Der Verkäufer könnte nun folgende Rechnung aufstellen:

Sein Erlös aus dem Verkauf:	30 000,– DM
Erlös aus der Verkaufsoption:	2 000,– DM
Gesamterlös:	32 000,– DM

Ohne den Verkauf der Kaufoption hätte er zum Kurs von 340,— DM verkaufen können und einen Gesamterlös von 34 000,— DM erzielt.
In unserem Beispiel erleidet der Verkäufer der Option erst dann einen Verlust in Höhe des entgangenen Gewinns, wenn der Kurs über 300,— DM + 20,— DM = 320,— DM ansteigt.
Der Stillhalter in Wertpapieren muß die entsprechenden Aktien während der gesamten Laufzeit in seinem Depot haben. Sie sind für weitere Transaktionen gesperrt, eine anderweitige Verfügung ist ausgeschlossen.

Der Verkauf einer Verkaufsoption

Der Verkäufer einer Verkaufsoption, auch »Stillhalter in Geld« genannt, spekuliert auf steigende oder stagnierende Kurse. Nur dann kann er einen Gewinn in Höhe des Optionspreises einstecken. Wenn dagegen die Kurse fallen, muß er vereinbarungsgemäß die Aktien zum festgelegten Preis übernehmen.

Beispiel:

Der Verkäufer einer Verkaufsoption für AEG-Aktien, Basispreis 260,— DM, Fälligkeit 15. 1. 88, erhält von dem Käufer eine Optionsprämie von 20,— DM je Stück. Dafür verpflichtet er sich, während der Laufzeit jederzeit die Aktien zum vereinbarten Basispreis von 260,— DM zu kaufen. Wenn der Aktienkurs während der Laufzeit weit-

gehend unverändert bleibt, kassiert er einen Gesamterlös von 2000,– DM.
Fällt dagegen der Kurs z.B. auf 220,– DM, wird der Käufer seine Verkaufsoption ausüben und dem Verkäufer die Papiere zum vereinbarten Basispreis von 260,– DM anbieten.
Seine Rechnung sähe wie folgt aus:

Kauf der Aktien	26 000,– DM
./. Optionspreis	2 000,– DM
=	24 000,– DM

Beim jetzigen Kurs von 220,– DM wäre ihm ein Verlust von 2000,– DM entstanden.

Während der gesamten Laufzeit muß der Verkäufer der Verkaufsoption in der Lage sein, die angebotenen Aktien zu kaufen. Um dies sicherzustellen, verlangt die Bank eine Sicherheit in Geld oder Wertpapieren. Während der Laufzeit wird dieser Betrag für den Verkäufer der Option gesperrt, damit er jederzeit liquide ist, d.h. er muß die ihm angebotenen Aktien bezahlen können.
Die Höhe der Sicherheitsleistung muß nicht der tatsächlichen Höhe der Auslagen bei Ausübung der Option entsprechen. Außerdem schwanken die notwendigen Sicherheiten abhängig von der Bank und der Art der hinterlegten Wertpapiere.
Die Position des Stillhalters wird besonders in ruhigen Börsenzeiten lukrativ, in denen die gehandelten Standardpapiere keinen großen Kursschwankungen unterliegen.
Noch ein Wort zur steuerlichen Verpflichtung des Stillhalters: Während der Kursgewinn aus einem Aktienverkauf nach sechs Monaten steuerfrei vereinnahmt werden kann, muß der erzielte Optionserlös in jedem Fall vom Stillhalter versteuert werden. Er kann nicht mit evtl. entstandenen Verlusten aus anderen Wertpapiergeschäften verrechnet werden.

Das Optionsgeschäft auf einen Blick

Kauf einer Kaufoption

- Erwartung steigender Kurse
- Zahlung des Optionspreises bei Geschäftsabschluß
- man erwirbt das Recht, die Wertpapiere zum vereinbarten Basispreis innerhalb der vereinbarten Frist zu kaufen
- dieses Recht ist am Sekundärmarkt veräußerbar
- es gibt keine Pflicht, dieses Recht auszuüben
- bei sinkenden Kursen Verlust des Optionspreises

Kauf einer Verkaufsoption

- Erwartung sinkender Kurse
- Zahlung des Optionspreises bei Geschäftsabschluß
- man erwirbt das Recht, die Wertpapiere zum vereinbarten Basispreis innerhalb der vereinbarten Frist zu verkaufen
- dieses Recht ist am Sekundärmarkt veräußerbar
- es gibt keine Pflicht, dieses Recht auszuüben
- bei steigenden Kursen Verlust des Optionspreises

Verkauf einer Kaufoption

- der »Stillhalter« erwartet gleichbleibende oder sinkende Kurse
- erhält den Optionspreis bei Abschluß des Geschäfts
- verpflichtet sich, die Wertpapiere vom vereinbarten Basispreis innerhalb der vereinbarten Frist zu liefern
- Stellung einer Sicherheit »Wertpapiere« erforderlich
- kann nicht am Sekundärmarkt teilnehmen

Verkauf einer Verkaufsoption

- der »Stillhalter in Geld« erwartet gleichbleibende oder steigende Kurse
- erhält den Optionspreis bei Abschluß des Geschäfts
- verpflichtet sich, die Wertpapiere zum vereinbarten Basispreis innerhalb der vereinbarten Frist zu kaufen

- Stellung einer Sicherheit »Geld oder andere Wertpapiere« erforderlich
- kann nicht am Sekundärmarkt teilnehmen

Was man noch vom Optionsgeschäft wissen muß

Wie vielseitig und verworren die rechtliche Lage des Optionsgeschäfts im Hinblick auf den bereits erwähnten »Differenzeinwand« und die Besteuerung von Optionsgeschäften ist, zeigen die beiden folgenden Artikel des *Handelsblattes.*

Termin- und Differenzeinwand bereiten allen Beteiligten großes Kopfzerbrechen

Von MICHAEL-CHRISTIAN RÖSSNER

Börsentermingeschäfte und Warenterminhandel als Rechtsproblem — diese Formel resultiert vor allem aus bedenklichen Vertriebsmethoden, die die Gerichte beschäftigt haben. Die Skepsis gegenüber einem rechtlich als unsicher beschriebenen, von Fachausdrücken und komplizierten Zusammenhängen gekennzeichneten Bereich hat aber noch andere Gründe. Termin- und Differenzeinwand schaffen eine besondere Rechtslage, die auch die aktuelle Rechtsprechung beschäftigt. Zu einigen mit Spannung erwarteten Fragen hat sich soeben der II. Zivilsenat des Bundesgerichtshof geäußert.

In Deutschland wurden bis vor kurzem überhaupt keine Geschäfte mit Futures und Optionen durchgeführt. Auch heute noch wird der Löwenanteil aller hierzulande angebotenen Termingeschäfte über ausländische Börsen abgewickelt. Die Geschäfte sind nur nach Maßgabe eines komplizierten Normengefüges rechtlich durchsetzbar, zur Klärung von Einzelheiten muß auch heute noch häufig die höchstrichterliche Rechtsprechung bemüht werden.

Will man die Verbindlichkeit der Geschäfte beurteilen, so muß zwischen zwei Gruppen von Anlegern und zwei Regelungskreisen unterschieden werden. Im Bereich des Börsengesetzes regeln die §§ 50 ff die Verbindlichkeit der Geschäfte; maßgebliches Kriterium ist hier die „Börsentermingeschäftsfähigkeit" des Anlegers, die in § 53 BörsG geregelt wird. Börsentermingeschäftsfähig ist derjenige, der als Kaufmann im Handelsregister eingetragen ist oder beruflich mit Börsen-

---

Michael-Christian Rössner, ist Rechtsanwalt in München und Autor verschiedener Publikationen zu den Themen Termingeschäfte, Bankenhaftung und Anlegerschutz.

termingeschäften befaßt ist. Die Abgrenzung ist streng formal.

Fehlt die Börsentermingeschäftsfähigkeit, so steht dem Anleger in aller Regel der sog. „Termineinwand" zur Seite, der die volle rechtliche Durchsetzbarkeit der abgeschlossenen Geschäfte verhindert. Diese Anleger haben allerdings in der Regel auch keinen Erfüllungsanspruch. Dies ändert sich, wenn zugunsten eines börsentermingeschäftsfähigen Vertragspartners eine allerdings der strengen Formvorschriften des § 54 BörsG unterworfene Sicherheit gestellt wird. In diesem Falle wird das Geschäft für den Vertragspartner wirksam, das Risiko des Anlegers ist allerdings auf den Verzehr der gestellten Sicherheit begrenzt.

Ansonsten können bereits erbrachte Leistungen dann nicht zurückgefordert werden, wenn aufgrund des Geschäfts eine Leistung zu dessen (endgültiger) Erfüllung erbracht wurde. Es muß sich also um eine endgültige Erfüllung handeln, mit der die Leistung ihre Erledigung findet. Wenn nur eine neue Verpflichtung übernommen wird (Wechselakzept oder Scheck), liegt diese endültige Erfüllung nicht vor. Auch die Abbuchung von einem Kontokorrentkonto und jedenfalls die Anerkennung eines negativen Kontokorrentsaldos sind hierfür nicht ausreichend.

Der Broker verlangt von seinen Kunden bei Futures-Geschäften einen Einschuß, der Anleger muß einen Teil des Gesamtkaufpreises bezahlen. An der Börse wird dieser Teil als Sicherheit hinterlegt. Da das Interesse der Anbieter dahin geht, diese Leistung des Anlegers als (nicht rückforderbare) Erfüllungsleistung zu qualifizieren, ist die Unterscheidung zwischen Sicherheits- und Erfüllungsleistung Kernfrage der juristischen Auseinandersetzung. Nach Ansicht der Rechtsprechung sind Einschüsse, die in laufender Geschäftsverbindung und im Kontokorrent geleistet werden, regelmäßig keine Erfüllungsleistungen, da sie nur zur Abdeckung künftiger Salden, nicht aber auf ein bereits feststehendes Geschäft und eine daraus resultierende feststehende Verbindlichkeit geleistet werden. Dieser Gesichtspunkt wurde erst jüngst durch den BGH bestätigt.

Die Folge hieraus ist, daß der Kunde unter dem Gesichtspunkt der ungerechtfertigten Bereicherung die Rückzahlung geleisteter Einschüsse verlangen kann und daß sich eine Sicherheitsleistung ohne Willen des Kunden niemals zur Erfüllungsleistung wandeln kann, selbst wenn Verluste angefallen sind. Hat der Kunde direkt mit dem Broker kontrahiert, so muß er die Forderung gegenüber diesem stellen; war ein Kommissionär (ein Vermittler, der die Termingeschäfte in eigenem Namen plaziert) eingeschaltet, so ist dieser der Anspruchsgegner.

Er bleibt auch dann bereichert, wenn er aufgrund des Ausführungsgeschäfts die Zahlung an das ausländische Brokerhaus weitergegeben hat, weil er diesem gegenüber von seiner eigenen Verpflichtung zur Erfüllung der Termingeschäfte befreit wird. Ein wichtiger Gesichtspunkt ist dabei, daß Aufträge zu Börsengeschäften an das Brokerhaus oder an zwischgeschaltete Vermittler das Schicksal der Unverbindlichkeit teilen. Dies hat die Folge, daß die daraus resultierenden Forderungen auf Maklergebühren und Aufwendungsersatz immer dann unver- ▶

bindlich sind, wenn das Hauptgeschäft (Börseninnengeschäft) rechtlich nicht durchsetzbar ist.

Diese Problematik tangiert neben den Vermittlern und ausländischen Brokerhäusern auch die deutschen Banken, denen die Lust am Optionsgeschäft mit den Privatkunden offensichtlich genommen ist. Seit der BGH die Optionsgeschäfte über Aktien an deutschen Börsen als Börsentermingeschäfte und damit der Regelung der §§ 50 ff unterfallend qualifiziert hat, können Verluste aus derartigen Geschäften häufig auf die Banken abgewälzt werden.

Die Einstellung klagloser Forderungen ins Kontokorrent allein führt nicht zur Erfüllungswirkung i.S.d. § 55 BörsG. Eine derartige Wirkung kann nur dann unterstellt werden, wenn der Bankkunde seinen Willen zur Erfüllung von aus unklagbaren Geschäften resultierenden Verbindlichkeiten ausdrücklich erklärt und dabei nicht gleichzeitig lediglich eine weitere Verbindlichkeit anerkennt.

Verschiedene Banken führen deshalb zur Umgehung des Problems für Options-Anleger nebem dem Kreditkonto spezielle Konten, über die die Optionsgeschäfte abgewickelt werden. Ob durch eine derartige Konstruktion die Unverbindlichkeit von Einzahlungen zu beseitigen ist, kann bezweifelt werden.

Neben dem Termineinwand spielt in der Bundesrepublik der sog. Differenzeinwand eine Rolle. Ein Geschäft kann im Sinne des Börsengesetzes aufgrund vorhandener Börsentermingeschäftsfähigkeit verbindlich sein, dennoch kann die rechtliche Durchsetzbarkeit am sog. Differenzeinwand (§§ 764 i.V.m. 762 BGB) scheitern. Diesen Differenzeinwand trifft die besondere Kritik der Anbieter von Terminbörsen-Produkten (Broker, Banken). Es handelt sich hier allerdings um eine rechtspolitische Entscheidung des deutschen Gesetzgebers, die als für das deutsche Rechtssystem so wesentlich erachtet wird, daß sie sogar zum sog. ordre public — also zu den Grundsätzen der Rechtsordnung — zählt.

Bedeutsam wird dies immer dann, wenn im internationalen Privatrecht ein Sachverhalt nach ausländischem Recht zu beurteilen ist, das fremde Recht aber zu einer Lösung führen würde, die wegen des Verstoßes gegen Grundprinzipien deutschen Rechts nicht hingenommen werden kann. Dann setzt sich die deutsche Regelung durch. Ihr Schutz wird daher zumindest den nicht termingeschäftsfähigen Beteiligten zuteil. Wenn die Voraussetzungen des § 53 BörsG (Börsentermingeschäftsfähigkeit) vorliegen, versagt die Schutzwirkung des Differenzeinwandes allerdings im Bereich der über die Banken gehandelten Aktienoptionen sowie bei den Devisentermingeschäften.

In diesen Fällen kann dem nach den börsengesetzlichen Vorschriften wirksamen Termingeschäft die Regelung der § 762 und 764 BGB nicht die Wirksamkeit entziehen (so § 58 BörsG zum Differenz- und Spieleinwand).

Noch viele ungeklärte Rechtsfragen bei Besteuerung von Optionsgeschäften

HANDELSBLATT, Dienstag, 20.10.1987

ha DÜSSELDORF. Im Rahmen eines Optionsgeschäftes ist es möglich, ein Anrecht (eine Option) darauf zu kaufen bzw. zu verkaufen, innerhalb einer bestimmten Zeitspanne (der Optionsfrist) zu einem vorher vereinbarten Kurs (dem Basispreis) eine nach Gattung und Menge fixierte Anzahl von Aktien zu kaufen (Kaufoption) oder zu verkaufen (Verkaufsoption).

Obwohl diese Variante des Termingeschäfts bereits seit 1970 wieder börsenmäßig zugelassen ist, hat die Besteuerung der Optionsgeschäfte immer wieder Zweifelsfragen aufgeworfen. Dies zeigt sich auch am jetzt bekanntgewordenen Urteil des FG Köln vom 7.4.1987, EFG 1987 S. 508, in dem unter Bezugnahme auf bisherige Rechtsprechung zu derartigen Fragen (hier insbesondere das FG-Urteil Baden-Württemberg vom 9.2.1984, EFG 1984 S. 502 und das BFH-Urteil vom 28.11.1984, BStBl. II 1985 S. 264) in grundsätzlicher Art Stellung genommen wird.

Um es vorweg zu nehmen: Die hier zitierte Rechtsprechung bestätigt die Verwaltungsübung, die beim Optionsgeschäft gezahlten Optionsprämien (Bindungsentgelte) den nach Maßgabe des § 22 Nr. 3 EStG zu besteuernden Leistungsentgelten zuzurechnen und die Optionskosten hinsichtlich ihrer Abzugsfähigkeit differenziert zu betrachten.

Zur Besteuerung von Optionsprämien und zur Behandlung der Optionskosten beim Käufer einer Kauf- bzw. Verkaufsoption ist der o.a. Rechtsprechung im wesentlichen folgendes zu entnehmen:

- Optionsprämien beim Käufer: Sowohl beim Verkauf einer Option als auch beim Verkauf einer Verkaufsoption wird die Optionsprämie als Entgelt für die Bindung des Optionsverkäufers und die Risiken, die er durch die Begründung des Optionsrechts eingeht, gezahlt. Bei Optionsgeschäften handelt es sich nicht um Veräußerungsvorgänge oder um veräußerungsähnliche Vorgänge, bei denen ein Entgelt dafür gezahlt wird, daß ein Vermögenswert in seiner Substanz endgültig aufgegeben wird. Wenn die Optionsprämie auch von einem unter bestimmten Voraussetzungen durchzuführenden Wertpapiergeschäft abhängig ist, so sind Optionsgeschäft und Ausführungsgeschäft doch zivilrechtlich (BGH vom 22.10.1984, Der Betrieb 1985 S. 272) zwei getrennte Rechtsgeschäfte, die auch steuerlich getrennt zu beurteilen sind. Die Gegenleistung für das langfristig bindende Vertragsangebot des Optionskäufers (das zutreffend so genannte Bindungsentgelt oder die Optionsprämie) wird aus der Sicht des Verkäufers (des Stillhalters) ausschließlich wegen seiner Bindung und keinesfalls auf ein Wertpapiergeschäft geleistet. Der Verkäufer einer Option erbringt deshalb als Stillhalter eine Leistung, die nach § 22 Nr. 3 EStG steuerlich zu erfassen ist. Zu den son- ▶

stigen Leistungen im Sinne dieser Vorschrift gehört nämlich jedes Tun, Unterlassen oder Dulden, das Gegenstand eines entgeltlichen Vertrages sein kann und um des Entgeltes willen erbracht wird.

Aus der schon angesprochenen Trennung zwischen Options- und Ausführungsgeschäft ergibt sich überdies als Folge, daß etwaige Verluste des Optionsverkäufers beim Ausführungsgeschäft nicht kompensiert, d.h. von den Optionsprämien nicht abgesetzt werden können.

- Optionskosten beim Käufer: Mit der Behandlung der Optionskosten befaßt sich insbesondere das Urteil des FG Köln vom 7.4.1987. Der Abschluß einer Kaufoption ist danach beim Käufer ein auf den Erwerb von Wertpapieren gerichteter Vorgang. Die Optionskosten gehören deshalb zu den Anschaffungskosten der Wertpapiere. Dies trifft auch für die Kosten einer nicht ausgeübten Kaufoption zu, die dann vergeblich aufgewandte Anschaffungskosten darstellen. Der Grundsatz, daß Anschaffungskosten für Wertpapiere bei Ermittlung der Einkünfte aus Kapitalvermögen in keiner Form abgesetzt werden können, gilt auch für vergebliche Anschaffungskosten bei nicht ausgeübter Kaufoption. Hier ist auch kein Verlust aus einem Spekulationsgeschäft festzustellen (§ 23 Abs. 4 Satz 1 EStG), da es beim Erlöschen des Optionsrechts durch Zeitablauf an einer Veräußerung im Sinne des § 23 Abs. 1 EStG fehlt.

Hingegen können die beim Kauf einer Verkaufsoption aufgewandten Optionskosten, die der Käufer anschließend verfallen läßt, zu einem berücksichtigungsfähigen Spekulationsverlust führen. Dies kann dann der Fall sein, wenn die Optionsfrist unterhalb der Spekulationsfrist von sechs Monaten liegt und die Ausübung der Option zwingend zu einem Spekulationsgeschäft geführt hätte. Nach dem BFH-Urteil vom 13.11.1973, BStBl. II 1974 S. 161 fallen nämlich vergebliche Aufwendungen unter dieselbe Einkunftsart, unter die die entsprechenden Einnahmen im Falle ihrer Erzielung fallen würden; ihre Abzugsfähigkeit ist nach den für diese Einkunftsart geltenden Regeln zu beurteilen. Bei sogenannten Doppelgeschäften vertritt das FG Köln den Standpunkt, daß beim Kauf von Optionen gezahlte Optionskosten nicht mit den beim Verkauf von Optionen vereinnahmten steuerpflichtigen Optionsprämien verrechnet werden dürfen. Beide Geschäfte seien vielmehr getrennt zu sehen und nach den schon dargestellten Regeln zu beurteilen.

Wie werden beim Optionsgeschäft die Nebenrechte (Dividenden und Bezugsrechte) behandelt?

Wer am Optionsgeschäft teilnimmt, weiß, daß eine Option im Gegensatz zur Aktie eine hochspekulative Angelegenheit ist, bei der ein Ertragsgesichtspunkt unwichtig ist, denn man hofft auf Kursanstiege bei Kaufoptionen bzw. einem Kursverfall beim Erwerb von Verkaufsoptionen.

Dennoch müssen Bezugsrecht und Dividenden berücksichtigt werden. Zur Auffrischung Ihres Börsenwissens: Eine Aktiengesellschaft kann ihren Aktionären junge Aktien anbieten, wenn das Grundkapital erhöht wird. Diese Maßnahme wird meist dann ins Auge gefaßt, wenn die Produktion ausgeweitet werden soll oder der Markt gute Wachstumschancen bietet.

Der Aktionär erhält dann ein Bezugsrecht, also ein Vorkaufsrecht, für diese »neuen« Aktien im Verhältnis zur Zahl seiner alten Aktien. Man spricht in diesem Fall von einer Bezugsrechtsemission, wobei die jungen Aktien an die Anteilseigner zu einem Vorzugspreis abgegeben werden.

Natürlich ist kein Aktionär verpflichtet, das Angebot für neue Aktien anzunehmen. Er kann sein Bezugsrecht, das einige Zeit vor der Kapitalerhöhung an der Börse gehandelt wird, verkaufen (zwei Wochen Bezugsfrist sind gesetzlich vorgeschrieben).

Durch den Verkauf des Bezugsrechts gewinnt man zunächst nichts, da der Kurs der Altaktie um den Wert des Bezugsrechts vermindert wird (Börsenkürzel hinter der Kursnotierung: ex B). Erteilt ein Aktionär seiner Bank keine Order zur Verwertung der Bezugsrechte, so werden diese am letzten Handelstag für Rechnung des Kunden verkauft.

Der Wert des gehandelten Bezugsrechts kann schwanken, je nachdem, welche Chancen man der zukünftigen Entwicklung der Gesellschaft gibt. Bei steigendem Börsenkurs steigt der Wert des Bezugsrechts. Für einen Altaktionär empfiehlt es sich, angebotene Bezugsrechte in Anspruch zu nehmen, weil durch den Erwerb junger Aktien mehr Aktiensubstanz gebildet wird und bei gleicher Ausschüttung der Dividende (das geschieht fast immer) der Aktionär eine wesentlich höhere Rendite erzielt, weil jetzt für ihn mehr Aktien dividendenberechtigt sind.

Der Abschluß des Bezugsrechts am Börsenkurs wird normalerweise schnell wieder eingeholt, da gerade die Kapitalerhöhung ein Zeichen für Expansion und wirtschaftlichen Aufschwung ist.

Beispiel für die Berechnung eines Bezugsrechts:

Eine Aktiengesellschaft erhöht ihr Kapital um 100 Millionen DM. Sie bietet ihren Aktionären folgendes Bezugsverhältnis an: für 14 alte Aktien kann eine neue Aktie bezogen werden, d.h. 14:1. Bei einem Bezugspreis von 330,— DM und einem aktuellen Börsenkurs von 372,— DM ergäbe sich der folgende Wert des Bezugsrechts:

$$\frac{372 \text{ (aktueller Kurs) ./. } 330 \text{ (Bezugskurs)}}{\frac{14}{1} \text{ (Bezugsverhältnis)} + 1} = 2{,}80 \text{ DM}$$

Hat dieses Bezugsrecht einen Einfluß auf den Basispreis? Bis zum 1. April 1987 galt die Regelung, daß man die Basispreise um die entsprechenden Kursabschläge der Aktie verminderte, wenn Dividenden ausgeschüttet oder Bezugsrechte ausgegeben wurden. Diese Weitergabe der Aktienerträge führte in der Vergangenheit zu neuen, »ungeraden« Basispreisen, die den Handel insbesondere im Sekundärmarkt erschwerten. Zukünftig werden Dividendenabschläge den Basispreis nicht mehr vermindern, es bleibt bei der ursprünglichen Höhe.
Für die Berücksichtigung der Bezugsrechte hat man eine etwas komplizierte Behandlung gefunden, denn es wird nun auf den nächstliegenden Basispreis auf- oder abgerundet. Damit können sich für den Inhaber der Option oder für den Stillhalter Vor- bzw. Nachteile ergeben.

Beispiel:

Käme es zu einem Bezugsrecht der Deutschen Bank in Höhe von 22,— DM, bliebe der Basispreis unverändert, denn die Basispreise sind bei dieser Aktie in Intervalle

von 50,— DM gegliedert. Es werden z.B. Optionen für 500/550/600 DM gehandelt. Da die 22,— DM weniger als die Hälfte dieses Intervalls betragen, bliebe es beim ursprünglichen Basispreis.
Stiege das Bezugsrecht über 25,— DM, würde auf das nächstfolgende Intervall aufgerundet, wodurch sich die Basispreise um 50,— DM verminderten: zum Vorteil des Optionsinhabers und zum Nachteil des Stillhalters. Mit umgekehrten Vorzeichen gilt diese Regelung auch für Verkaufsoptionen.
Im obigen Beispiel bliebe der Basispreis ebenfalls unverändert, da diese Aktie in Intervallen von 20,— DM gehandelt würde, und erst ein Bezugsrecht im Wert von über 10,— DM den Basispreis verändern könnte.

5. Optionsscheine - Risiko und Ertrag bei fallenden Kursen

Optionsscheine sollten nicht verwechselt werden mit Kauf- oder Verkaufsoptionen. Sie zählen nicht zu den Wertpapieren, mit denen man vornehmlich Termingeschäfte abschließt, sondern sind ursprünglich »Anhängsel« von Optionsanleihen.
Diese Anleihen werden von Aktiengesellschaften herausgegeben, um sich am Kapitalmarkt Geld von privaten Anlegern zu beschaffen. In der Regel liegt die Verzinsung dieser Anleihen unter dem Zinssatz, den diese Firmen für Darlehen bei ihren Kreditinstituten bezahlen müssen.
Nun würde kein vernünftiger Anleger sein Geld in Anleihen investieren, die einen niedrigeren als den marktüblichen Zinssatz gewähren. Deshalb mußten die emittierenden Unternehmen einen besonderen Anreiz schaffen, damit diese Anleihen trotzdem gekauft werden. Sie verbanden mit der Optionsanleihe einen oder mehrere Optionsscheine (warrants).

Ein solcher Optionsschein verbrieft das Recht

- während einer bestimmten Frist (Optionsfrist)
- in einem bestimmten Verhältnis (Optionsverhältnis)
- zu einem in den Optionsbedingungen festgelegten Kurs (Optionskurs)

Aktien zu erwerben.

Eine Optionsanleihe wird daher in drei verschiedenen Werten notiert:

- Optionsanleihe mit Optionsschein
- Optionsanleihe ohne Optionsschein
- Optionsschein ohne Optionsanleihe

Während die Optionsanleihe ohne Optionsschein als normales festverzinsliches Wertpapier gehandelt wird, ist der getrennt gehandelte Optionsschein ein »heißes« Spekulationspapier und deshalb auch teurer als in Verbindung mit der Optionsanleihe.
Er erlaubt es, mit verhältnismäßig geringem finanziellen Aufwand an einer Steigerung des Aktienkurses überproportional zu profitieren. Im Gegensatz zu Aktien verbrieft er außer den genannten keinerlei Rechte (Sie dürfen also keine Dividende erwarten) und erbringt keinerlei Ertrag. Sein Nutzen liegt allein in der Erzielung von Kursgewinnen.
Diese können bei einem Anstieg des Aktienkurses wesentlich höher sein als die Gewinnchance mit den Aktien selbst, weil das eingesetzte Kapital wesentlich niedriger ist und mit einem Optionsschein oft mehrere Aktien erworben werden können.
Neben der Anzahl der Aktien, zu deren Bezug ein Optionsschein berechtigt, ist ein zusätzlich zu beachtendes Kriterium die Bezugszeit, innerhalb derer von der Option Gebrauch gemacht werden kann. Es gibt dafür keine verbindlichen Laufzeiten, doch liegt die Zeitspanne im Durchschnitt zwischen 5 und 10 Jahren. Je länger diese Frist läuft, um so höher ist das Optionsrecht einzuschät-

Optionsscheine

Optionsschein	Verh.	Laufzeit	Preis/Aktie	Kurs (DM)	Hoch/Tief	Aufg(%)
And.-N.Z. v. 86	1:1	08/31/96	165.00 DM	61.80	90.00/ 52.00	31.1
Asko v. 86	1:1	02/04/93	1109.00 DM	360.00	1250.00/ 290.00	119.3
BASF v. 82	1:1	02/29/88	133.00 DM	163.00	214.00/ 104.00	2.1
BASF v. 85	1:1	11/30/94	145.00 DM	175.00	222.80/ 108.00	10.3
BASF v. 86	1:1	04/09/01	308.00 DM	114.00	145.00/ 50.00	45.5
BHF-Bank v. 83	1:1	05/31/90	260.87 DM	207.00	300.00/ 158.00	9.3
BHF-Bank v. 85	1:1	07/31/95	323.00 DM	167.00	253.50/ 131.00	14.5
Bayer v. 79	1:1	02/28/89	136.00 DM	190.00	229.00/ 120.00	7.2
Bayer v. 84	1:1	03/15/94	140.00 DM	180.00	227.80/ 120.00	5.3
Bayer v. 85	1:1	03/15/94	168.00 DM	175.00	208.50/ 109.00	12.8
Bay. Hypobk. v. 85	1:1	02/01/94	386.00 DM	189.50	280.00/ 133.50	40.7
Bay. Hypobk. v. 86	1:1	07/01/96	510.00 DM	187.00	239.00/ 100.00	70.4
Commerzbank v. 78	1:1	06/30/88	211.00 DM	109.50	173.00/ 83.00	27.2
Commerzbank v. 83	1:1	05/31/88	167.00 DM	115.00	205.00/ 100.50	11.9
Commerzbank v. 84	1:1	06/15/89	140.00 DM	151.90	209.50/ 130.40	15.8
Conti Gummi v. 84	1:1	01/31/94	119.00 DM	222.50	284.80/ 158.00	19.0
Degussa v. 83	1:1	05/02/93	287.00 DM	257.00	319.00/ 172.00	26.5
Dte. Bank v. 83	1:1	06/18/91	321.33 DM	331.00	547.00/ 341.50	18.0
Didier v. 85	1:1	11/30/95	180.00 DM	102.50	118.90/ 71.00	29.0
Dres. Bank v. 83 I	1:1	06/28/90	179.00 DM	177.00	265.00/ 150.00	19.5
Dres. Bank v. 83 II	1:1	10/19/93	169.00 DM	181.30	277.00/ 159.00	17.6
Dres. Bank v. 84	1:1	09/01/92	150.00 DM	191.50	289.50/ 172.00	14.6
Dres. Bank v. 86	1:1	03/18/96	380.00 DM	99.50	155.50/ 69.50	60.9
Dte. Bank v. 86	1:1	02/28/96	793.00 DM	197.00	285.00/ 157.00	79.0
Herlitz v. 84	1:1	11/30/94	218.00 DM	75.60	77.00/ 43.70	53.7
Hoechst v. 75	1:5	06/30/90	132.50 DM	850.00	1050.00/ 500.00	11.6
Hoechst v. 79	1:1	07/01/89	126.00 DM	164.30	220.00/ 102.00	7.1
Hoechst v. 83	1:1	02/01/93	111.00 DM	183.00	242.00/ 114.00	8.5
Hoesch v. 86	1:1	08/01/96	164.00 DM	48.90	59.80/ 30.10	77.7
Hussel Hold. v. 86	1:1	12/15/95	330.00 DM	280.00	360.00/ 212.00	20.8
Kaufhof v. 84	1:1	11/01/94	227.00 DM	253.00	330.00/ 195.00	1.5
Kaufhof v. 85	1:1	12/19/95	315.00 DM	169.00	245.00/ 124.00	2.3
Kaufhof v. 86	1:1	09/01/98	485.00 DM	134.00	181.00/ 75.00	30.9
Linde v. 84	1:1	12/15/94	343.33 DM	355.50	483.00/ 262.00	8.3
Metallges. v. 86	1:1	05/31/96	350.00 DM	96.80	113.00/ 60.00	35.4
PWA v. 86	1:1	04/10/94	165.00 DM	92.00	112.30/ 62.00	24.2
Preussag v. 84	1:1	11/15/91	260.00 DM	60.00	68.30/ 43.00	85.0
RWE v. 86	1:1	03/20/96	185.00 DM	84.50	114.30/ 67.10	24.5
Salamander v. 86	1:1	07/31/96	260.00 DM	119.80	164.50/ 81.60	35.6
Schering v. 83	1:1	09/12/90	350.00 DM	269.00	357.30/ 259.80	14.6
Siemens v. 83	1:1	05/31/90	248.41 DM	372.00	496.30/ 372.00	11.0
Siemens v. 86	1:1	06/19/92	620.00 DM	175.00	246.20/ 161.00	42.2
Stumpf v. 78	1:1	11/30/88	75.00 DM	48.00	76.60/ 50.40	11.8
Stumpf v. 81	1:1	02/28/91	50.00 DM	96.00	135.00/ 85.50	32.7
Veba v. 83	1:1	12/15/93	166.00 DM	137.90	176.00/ 108.00	10.5
Volkswagen v. 86	1:1	11/30/95	407.00 DM	170.00	270.00/ 130.00	75.6
Wella v. 86	1:1	03/18/96	720.00 DM	185.00	260.00/ 165.00	64.5
Westd.G.Z. v. 86	1:1	10/31/89	94.00 DM	84.00	109.00/ 84.00	67.9
Copenh. Ha. v. 85	1:1	03/17/90	311.00 dkr	19.50	26.20/ 18.20	57.6
Daishinpan v. 85	1:595	03/20/90	654.60 Y	3375.00	4250.00/ 2360.00	3.6
Fuji Elec. v. 84	1:1344	03/20/90	300.00 Y	3650.00	5525.00/ 1490.00	-0.1
Hanwa v. 84	1:660	04/25/89	652.00 Y	4100.00	5500.00/ 2205.00	0.8
Honda Mot. v. 85	1:263	03/09/90	1457.00 Y	1200.00	1950.00/ 665.00	39.1
Japan.S.R. v. 82	1:1050	03/24/88	230.50 Y	5700.00	7800.00/ 1750.00	2.3
Jujo Pap. v. 85	1:1375	02/07/91	294.60 Y	6000.00	5310.00/ 1820.00	-3.9
Jusco v. 83	1:1000	01/29/88	502.80 Y	11000.00	15000.00/ 8500.00	6.7
KLM v. 83	1:20	03/15/88	33.50 hfl	340.00	465.00/ 201.00	50.4
Kansai P. v. 84	1:1643	05/16/89	262.90 Y	6500.00	8100.00/ 1825.00	11.4
Kenwood v. 85	1:712	02/14/90	568.40 Y	2400.00	3475.00/ 1150.00	16.4
Kobe Steel v. 85	1:2604	01/15/90	155.00 Y	4500.00	6060.00/ 840.00	1.8
Mitsub. He. v. 84	1:1761	02/28/89	248.00 Y	8700.00	9460.00/ 4275.00	-1.0
Mitsub. Met. v. 84	1:464	12/06/89	695.00 Y	1000.00	1775.00/ 410.00	11.6
Nippon Sh. v. 85	1:728	12/15/89	555.00 Y	4650.00	7810.00/ 3900.00	7.5
Philips v. 84	1:20	09/30/89	63.00 hfl	200.00	320.00/ 190.00	78.7
Rhythm. W. v. 83	1:1000	06/15/88	300.00 Y	1675.00	2000.00/ 1025.00	-6.7
Rhythm. W. v. 84	1:815	08/31/89	415.00 Y	780.00	1000.00/ 451.00	5.7
Schw. Bkges. v. 84	1:1	12/15/89	3468.00 sfr	1850.00	3200.00/ 1825.00	20.5
Schw. Bkver. v. 84	1:1	09/15/89	278.00 sfr	190.00	284.00/ 182.00	24.9
Schw. Kred. v. 85	1:1	07/30/90	2754.00 sfr	1155.00	1610.00/ 950.00	27.7
Toyobo v. 85	1:1455	03/13/90	267.00 Y	6000.00	7000.00/ 2075.00	8.5
Tsumura A. v. 84	1:118	04/15/87	1833.00 Y	600.00	850.00/ 55.00	36.6
Wells Fargo v. 73	1:16	10/31/88	12.31 US$	980.00	1380.00/ 930.00	-2.9

Quelle: Börsenjournal vom 29. 10. 87

Int. Optionsscheine (F)

Zins %		Laufzeit	16.10.87
4,5	Adia 85	1990	800.00 b
3	Asko Fin. 86	1993	385.00 b
3	BASF 85	1994	200.00 b
11	BASF Fin. 82	1988	195.00 b
3	dgl. 86 ($)	2001	126.00 b
2,25	Bando Chem Ind. Ltd 86	1991	2900.00 b
2,5	B. Leu 86	1991	195.00 b
2,75	Bayer Cap. 85	1995	207.80 b
6,25	dgl. 87	1997	142.00 b
7,25	Bayer Int. F. 79	1989	226.00 b
2	Benetton "B" 86/93	1989	37.00 b
7,5	BHF-Bank Int. 83	1990	237.00 b
7	dgl. Fin. 85	1995	206.50 b
6,375	dgl. Fin. 86/98	1998	148.00 b
6	dgl. Fin. 86/93	1988	21.80 b
6,375	Br. Ld. Bk. Fin. 86/96	1988	9.50 b
6	Christiania Bk. 86/96	1991	21.00 G
5,375	*dgl. 87/92 (D)*	*1989*	*60.00 b*
4	Chujitsuya 85	1990	3901.00 b
3,5	C. Itoh Fuel 84	1989	4800.00 G
3,5	Cobk. Int. 78	1988	119.80 b
7	*dgl. 83 (D)*	*1988*	*141.00 b*
8	dgl. 84	1989	175.00 b
6,25	Cobk. Ov. Fin. 86/96	1989	31.10 b
5,5	Continental Fin. 86/96	1989	20.10 b
5,75	Cop. Handelsbk. 85	1990	21.50 b
3,875	Daishinpan 85	1990	4125.00 T
6,5	Dai Ichi Kangyo 86 B	1991	10.95 b
8,25	Degussa Int. F. 83	1993	275.00 b
6,375	Den Norske Cr. Bk. 86	1989	15.50 G
6	dgl. 87	1989	12.00 T
3,75	Dt. Bk. C. Fin. 83	1991	414.00 b
6,25	Dt. Bk. Fin. 86	1996	226.00 b
6	dgl. 86/92 US-$	1988	49.00 b
4	Dresdner Bk. Fin. 83	1990	204.00 b
4	dgl. 83 II	1993	210.00 b
8	dgl. 84	1992	225.00 b
5	dgl. 86/91	1991	105.90 b
	Eksport Fin. 87/92 (D)	*1992*	*81.00 b*
2,625	Elektrowatt A 85/95	1990	104.00 b
2,625	dgl. B 85/95	1991	105.00 b
	Eurofima 87/88 (D)	*1988*	*40.00 b*
5,875	Europarat 87/94	1990	112.00 b
6,125	dgl. 87	1989	69.00 b
3,125	Fuji El. 84	1990	5350.00 b
3,5	Hanwa 84	1989	5350.00 b
3	Herlitz Fin. 84	1994	82.00 b
10	Hoechst 75	1990	971.00 b
6,75	dgl. 79	1989	202.00 b
8	dgl. 83	1993	228.00 b
2,5	Hoesch Int. F. 86	1996	52.20 b
3,375	Honda Motor 85	1990	1805.00 b
2	Inspect. Int. Fin. B 87	1991	115.00 b
2,75	Intershop 86	1992	420.00 bG
2,75	Jacobs Suchard A 87	1990	281.00 b
2,75	dgl. B 87	1992	309.00 b
7,5	Japan Synth. R. 82	1988	6000.00 G
2,125	dgl. 87	1992	2500.00 T
3,5	Jujo Paper 85 (D)	1991	7600.00 bG
5,75	Jusco 83	1988	12500.00 T
3,5	Kansai Paint 84	1989	7800.00 T
1,875	Kao Corp. 86 "A" (D)	1991	2550.00 b
1,875	dgl. 86 "B" (D)	1993	2550.00 b
	KLM 83 B (D)	*1988*	*350.00 b*
3,25	Kaufhof Fin. 84	1994	305.00 b

Zins %		Laufzeit	16.10.87
3,5	dgl. 85	1995	231.00 b
2	dgl. 86	1998	173.50 b
3,75	Kenwood 85	1990	3200.00 T
2,75	dgl. 86	1993	1950.00 b
3,5	Kobe Steel 85	1990	5430.00 bG
1	Kob. Juk. Co. Ltd. 86	1991	3400.00 T
6,125	Krones 87	1994	206.00 G
3,125	Linde Int. 84	1994	419.00 b
2	Lindt & Sprüngli 86/93	1991	970.00 b
6,5	Markt & Tech. Fin. 87	1994	332.00 b
2,5	Maruyama 86	1991	1900.00 b
2,875	Maruzen Sh. Un. 85	1990	2425.00 b
2	Mediobanca 86	1991	6.80 b
2,75	Metallges. Fin. 86	1996	114.50 b
1,25	Mitsub. Chem. 86	1993	2525.00 b
3,5	Mitsub. Heavy 84	1989	10800.00 T
3,125	Mitsub. Metal 84	1989	1450.00 b
	Mitsui Eng. + Ship 82 ($)	*1987*	*1205.00 G*
3	Mövenpick 85/92	1990	303.00 b
2,25	N. Middenst. Bk. 86/93	1993	25.50 T
3,5	Nipp. Flour Mills 84	1989	8900.00 T
3,25	Nipp. Shinpan 85	1989	6000.00 bG
6,25	Nixdorf Int. 87	1993	704.00 b
6,375	Nord/LB Fin. 86/96	1988	14.50 T
3	Norsk Data 86/93	1989	20.00 G
	Österr. Länderbk. 86	1989	8.55 b
2,25	Optec Dai-Ichi 86	1991	1780.00 b
2	Petrofina 86	1991	234.00 b
3,5	Philips Gloeil. 84	1989	221.00 b
3	Pirelli D. Fin. 86	1993	179.00 bG
8	Preussag 84	1991	65.10 b
3	PWA 86	1994	98.00 b
1,25	Renown Look Inc. 86	1991	1050.00 bG
5,75	Rhythm Watch 83	1988	2400.00 b
4,75	dgl. 84	1989	1075.00 b
5,5	*Ryobi 83*	*1988*	*2360.00 b*
1,75	dgl. 86	1994	2400.00 b
3,125	SBV 84	1989	230.00 b
2,75	dgl. 86	1991	148.00 b
6,875	Schering Int. F. 83	1990	305.00 b
1,25	Senko Co. 86	1991	1430.00 b
2,25	Settsu Corp. 86	1991	480.00 b
7,75	Siemens W.F. 83	1990	425.00 b
(Zero)	dgl. 86	1992	217.30 b
4	SKA 85	1990	1400.00 b
2	dgl. 86/93	1991	110.00 b
2,5	Soc. Gén. de Belgique 87	1991	49.50 b
2,875	Suminoe Tex. 85 (D)	1990	5200.00 T
1,25	dgl. 86 (D)	1993	2400.00 G
3	Teijin Seiki 85	1990	6200.00 b
3,875	Toei 85	1990	4150.00 b
3,75	Toyobo 85	1990	6650.00 T
3,375	Tsumura Junt. 84 "B"	1989	701.00 b
3,75	Un. Bk. Finland 86	1989	46.00 b
3	UBS 84	1989	2340.00 b
4	Veba 83	1993	160.00 b
6	VereinWest Ov. F. 86	1988	15.40 bG
3	VW Int. F. 86	1995	165.10 b
3	dgl. 86	2001	140.10 b
2,5	Wella 86	1996	221.00 b
6,5	Wells Fargo Int. 73	1988	1250.00 b
6,5	WestLB Fin. (Tr. 1/2) (D)	1989	18.00 b
6,5	dgl. 87 (D)	1999	23.20 b
2,875	Zenchiku 85/90	1990	4125.00 b
3,875	dgl. 85/90	1990	7600.00 T

Int. Optionsscheine (F)

Zins %		Laufzeit	29.10.87	
4,5	Adia 85	1990	350.00	Br
3	Asko Fin. 86	1993	250.00	b
3	BASF 85	1994	135.10	b
11	BASF Fin. 82	1988	124.50	b
3	dgl. 86 ($)	2001	75.00	b
2,25	Bando Chem Ind. Ltd 86	1991	1600.00	b
2,5	B. Leu 86	1991	147.00	T
2,75	Bayer Cap. 85	1995	131.50	b
6,25	dgl. 87	1997	75.00	b
7,25	Bayer Int. F. 79	1989	146.00	b
2	Benetton "B" 86/93	1989	19.00	b
7,5	BHF-Bank Int. 83	1990	162.00	b
7	dgl. Fin. 85	1995	114.00	b
6,375	dgl. Fin. 86/98	1998	93.00	b
6	dgl. Fin. 86/93	1988	22.60	b
6,375	Br. Ld. Bk. Fin. 86/96	1988	9.80	b
6	Christiania Bk. 86/96	1991	24.00	b
5,375	*dgl. 87/92 (D)*	*1989*	*30.00*	*bB*
4	Chujitsuya 85	1990	2800.00	b
3,5	C. Itoh Fuel 84	1989	3300.00	T
3,5	Cobk. Int. 78	1988	63.00	b
7	*dgl. 83 (D)*	*1988*	*78.00*	*b*
8	dgl. 84	1989	90.00	bG
6,25	Cobk. Ov. Fin. 86/96	1989	25.50	b
5,5	Continental Fin. 86/96	1989	18.00	bG
6,75	Continental R. 87	1997	72.50	b
5,75	Cop. Handelsbk. 85	1990	17.80	b
3,875	Daishinpan 85	1990	3350.00	b
6,5	Dai Ichi Kangyo 86 B	1991	9.10	T
8,25	Degussa Int. F. 83	1993	171.00	b
6,375	Den Norske Cr. Bk. 86	1989	13.00	T
6	dgl. 87	1989	11.00	T
3,75	Dt. Bk. C. Fin. 83	1991	238.00	b
6,25	Dt. Bk. Fin. 86	1996	135.00	b
6	dgl. 86/92 US-$	1988	18.00	T
4	Dresdner Bk. Fin. 83	1990	112.00	b
4	dgl. 83 II	1993	117.00	b
8	dgl. 84	1992	135.00	b
5	dgl. 86/91	1991	55.00	b
	Eksport Fin. 87/92 (D)	*1992*	*41.00*	*b*
2,625	Elektrowatt A 85/95	1990	59.00	b
2,625	dgl. B 85/95	1991	60.00	T
	Eurofima 87/88 (D)	*1988*	*12.50*	*b*
5,875	Europarat 87/94	1990	70.00	T
6,125	dgl. 87	1989	25.00	
3,125	Fuji El. 84	1990	2850.00	b
3,5	Hanwa 84	1989	3500.00	T
3	Herlitz Fin. 84	1994	61.50	b
10	Hoechst 75	1990	670.00	b
6,75	dgl. 79	1989	120.00	b
8	dgl. 83	1993	141.00	b
2,5	Hoesch Int. F. 86	1996	27.60	b
3,375	Honda Motor 85	1990	1000.00	bG
2	Inspect. Int. Fin. B 87	1991	54.00	T
2,75	Intershop 86	1992	263.00	T
2,75	Jacobs Suchard A 87	1990	174.00	T
2,75	dgl. B 87	1992	174.00	T
7,5	Japan Synth. R. 82	1988	5550.00	T
2,125	dgl. 87	1992	1110.00	b
3,5	Jujo Paper 85 (D)	1991	5500.00	G
5,75	Jusco 83	1988	9100.00	T
3,5	Kansai Paint 84	1989	5500.00	bB
1,875	Kao Corp. 86 "A" (D)	1991	1500.00	bG
1,875	dgl. 86 "B" (D)	1993	1600.00	bB
	KLM 83 B (D)	*1988*	*180.00*	
3,25	Kaufhof Fin. 84	1994	181.00	b

Zins %		Laufzeit	29.10.87	
3,5	dgl. 85	1995	125.00	b
2	dgl. 86	1998	90.00	b
3,75	Kenwood 85	1990	1820.00	T
2,75	dgl. 86	1993	800.00	b
3,5	Kobe Steel 85	1990	4000.00	b
1	Kob. Juk. Co. Ltd. 86	1991	2475.00	b
6,125	Krones 87	1994	158.00	T
3,125	Linde Int. 84	1994	281.00	b
2	Lindt & Sprüngli 86/93	1991	580.00	T
6,5	Markt & Tech. Fin. 87	1994	170.00	b
2,5	Maruyama 86	1991	960.00	b
2,875	Maruzen Sh. Un. 85	1990	1460.00	b
2	Mediobanca 86	1991	3.80	b
2,75	Metallges. Fin. 86	1996	66.00	b
1,25	Mitsub. Chem. 86	1993	1100.00	b
3,5	Mitsub. Heavy 84	1989	7700.00	b
3,125	Mitsub. Metal 84	1989	550.00	b
	Mitsui Eng. + Ship 82 ($)	*1987*	*825.00*	*b*
3	Mövenpick 85/92	1990	150.00	T
2,25	N. Middenst. Bk. 86/93	1993	18.00	T
3,5	Nipp. Flour Mills 84	1989	7700.00	T
3,25	Nipp. Shinpan 85	1989	3700.00	b
6,25	Nixdorf Int. 87	1993	380.00	b
6,375	Nord/LB Fin. 86/96	1988	14.50	bB
3	Norsk Data 86/93	1989	10.00	T
	Österr. Länderbk. 86	1989	5.00	T
2,25	Optec Dai-Ichi 86	1991	750.00	b
2	Petrofina 86	1991	130.00	b
3,5	Philips Gloeil. 84	1989	80.00	b
3	Pirelli D. Fin. 86	1993	110.00	b
8	Preussag 84	1991	41.00	b
3	PWA 86	1994	71.10	b
1,25	Renown Look Inc. 86	1991	600.00	b
5,75	Rhythm Watch 83	1988	1335.00	T
4,75	dgl. 84	1989	600.00	bG
5,5	*Ryobi 83*	*1988*	*1025.00*	*T*
1,75	dgl. 86	1994	975.00	b
3,125	SBV 84	1989	140.00	T
2,75	dgl. 86	1991	100.00	T
6,875	Schering Int. F. 83	1990	190.00	b
1,25	Senko Co. 86	1991	1105.00	b
2,25	Settsu Corp. 86	1991	260.00	b
7,75	Siemens W.F. 83	1990	266.00	b
(Zero)	dgl. 86	1992	102.00	b
4	SKA 85	1990	800.00	b
2	dgl. 86/93	1991	71.50	T
2,5	Soc. Gén. de Belgique 87	1991	17.00	b
2,875	Suminoe Tex. 85 (D)	1990	3600.00	b
1,25	dgl. 86 (D)	1993	1400.00	b
3	Teijin Seiki 85	1990	4600.00	T
3,875	Toei 85	1990	2850.00	b
3,75	Toyobo 85	1990	5400.00	T
3,375	Tsumura Junt. 84 "B"	1989	400.00	bG
3,75	Un. Bk. Finland 86	1989	20.00	b
3	UBS 84	1989	1350.00	T
4	Veba 83	1993	115.00	b
6	VereinWest Ov. F. 86	1988	13.75	b
3	VW Int. F. 86	1995	121.00	b
3	dgl. 86	2001	101.50	b
2,5	Wella 86	1996	130.00	T
6,5	Wells Fargo Int. 73	1988	880.00	T
6,5	WestLB Fin. (Tr. 1/2) (D)	1989	18.90	b
6,5	dgl. 87 (D)	1999	22.00	G
2,875	Zenchiku 85/90	1990	3300.00	T
3,875	dgl. 85/90	1990	6800.00	T

zen, da die Wahrscheinlichkeit höherer Aktienkurse über dem Bezugskurs mit steigender Laufzeit zunimmt.
Die Fälligkeitstermine werden auf einen bestimmten Tag fixiert, z.B. der Hoechst-Optionsschein von 1975 wird fällig am 30. 6. 1990 (vgl. Abbildung Optionsscheine, S. 155, Quelle: Börsenjournal v. 29. 10. 87).
Der dritte zu beachtende Faktor neben der Anzahl der Aktien und der Laufzeit ist der Optionspreis oder Bezugskurs. Damit wird angegeben, welchen Preis der Besitzer des Optionsscheins bezahlen muß, damit er die Aktien laut Optionsbedingungen erwerben kann.
Je niedriger dieser Bezugskurs im Verhältnis zum Aktienkurs liegt, um so rentabler wird der Optionsschein. Der Bezugspreis wird von den Unternehmen bei der Ausgabe so festgesetzt, daß eine Ausübung der Option im Laufe des entsprechenden Zeitraumes wahrscheinlich ist. Je länger diese Laufzeit, um so höher kann auch der Bezugskurs angesetzt werden.
Einen Spekulanten werden die Regelungen der Optionsausübung nicht sonderlich interessieren, da ihm daran nicht gelegen ist. Er hofft auf einen im Vergleich zur Aktie überproportionalen Gewinn, da der relativ geringe Kapitaleinsatz bei einem Ansteigen der Aktienkurse für einen überdurchschnittlichen Kursanstieg des Optionsscheins sorgt.
Vergleichen Sie die beiden Kurszettel der Int. Optionsscheine vom 16. 10. 87 und vom 29. 10. 87 aus dem *Handelsblatt* (S. 156/157), dann wird der umgekehrte Effekt deutlich sichtbar.
Während die Aktienkurse im Durchschnitt um ca. 30% an Boden verloren, mußten die Optionsscheine Verluste von 50—60% hinnehmen, in Einzelfällen sogar noch mehr.
Diese Hebelwirkung, ein wesentlicher Maßstab zur Beurteilung eines Optionsscheines, wird auch »Leverage-Effekt« genannt. Was ist darunter zu verstehen?
Laut Optionsschein können eine oder mehrere Aktien zu

einem festgesetzten Bezugskurs, dem Basispreis, bezogen werden. Die Hebelwirkung der »Warrants« ergibt sich aus dem Verhältnis des Aktienkurses zum Stückpreis des Optionsscheins.

In einer Formel ausgedrückt:

$$\text{Leverage-Faktor} = \frac{\text{Aktienkurs}}{\text{Kurs Optionsschein}} \times \text{Zahl der zu beziehenden Aktien}$$

Will man wissen, in welchem Verhältnis der Kapitaleinsatz für einen Optionsschein zum Einsatz steht, der für einen Aktienkauf erforderlich ist, rechnet man:

$$\text{Kapitaleinsatzverhältnis} = \frac{\text{Kurs Optionsschein}}{\text{Aktienkurs} \times \text{Zahl der zu beziehenden Aktien}}$$

Beispiel:

Vergleichen wir das erforderliche Kapital für den Kauf von 5 Hoechst-Aktien mit dem Kurs des Optionsscheins von 1975. Er läuft bis zum 30. 6. 1990 und erfordert eine Zuzahlung je Aktie von 132,50 DM, insgesamt also 662,50 DM.
Angenommener Kurs der Aktie = 270,— DM, Kurs des Optionsscheins 670,— DM.

Daraus ergibt sich folgender Leverage-Faktor:

$$\frac{270,\text{— DM}}{670,\text{— DM}} \times 5 = 2,01$$

Als Kapitaleinsatzverhältnis errechnen wir:

$$\frac{670,\text{— DM}}{270,\text{— DM} \times 5} = 49,62\,\%$$

Was bedeutet dies für den Käufer von Optionsscheinen?

Die Hebelwirkung liegt hier bei etwa dem Zweifachen, das heißt, daß der Kapitaleinsatz, mit dem der Erwerber eines Optionsscheins an der Kursentwicklung der betreffenden Aktie teilnimmt, rund doppelt so hoch ist wie beim Aktienerwerb.
Diese positive Auswirkung — überdurchschnittlicher Gewinn bei geringerem Einsatz — schlägt naturgemäß ins Gegenteil um, wenn die Aktienkurse sinken.
Der Hebeleffekt wirkt dann möglicherweise doppelt so stark im negativen Sinn, weshalb es sehr wichtig ist, die Restlaufzeit des warrants zu verfolgen. Je länger die Laufzeit, um so größer die Chance, wieder in die schwarzen Zahlen zu kommen.

Ein Vergleich:

Hoechst-Optionsschein 75 am 16. 10. 87	971,— DM
Hoechst-Optionsschein 75 am 29. 10. 87	670,— DM

Kursverlust über 30 %, Kursverlust der Aktie im gleichen Zeitraum etwa 20 %.

Die Vorteile eines Optionsscheines liegen auf der Hand: Sie werden wesentlich niedriger als Aktien notiert, damit ist wesentlich weniger Kapital erforderlich, um die gleiche Anzahl von Optionsscheinen zu erwerben. Je geringer der Kapitaleinsatz, um so größer werden die Kursausschläge, d.h. um so wirksamer ist der Hebel.
Bei starken Kursstürzen nach unten werden Optionsscheine bedeutend stärker in Mitleidenschaft gezogen. Klar ist: Je größer die Gewinnchance, desto größer das Risiko des Verlustes.
In den derzeitigen unsicheren Börsenzeiten sollten konservative Anleger auf eine Beimischung von Optionsscheinen in ihr Depot lieber verzichten und die weitere Entwicklung des Dollarkurses, von dem das Börsengeschehen in Deutschland weitgehend abhängig ist, verfolgen.

Noch ein Wort zum Aufgeld oder »Agio«, das Sie in der Tabelle auf S. 155 in der letzten Spalte ablesen können. Sie entdecken dort negative Aufgelder von z.B. −6,7% ebenso wie hohe Aufgelder, die über 100% liegen. Wie sind diese Unterschiede zu erklären?
Der Grund für den Erwerb eines Optionsscheins liegt für den Käufer in der Hoffnung auf einen in der Zukunft höheren Aktienkurs. Über den niedrigeren Kapitaleinsatz, den der Optionsschein erfordert, hofft der Käufer auf einen überproportionalen Gewinn.
Um diese Chance nutzen zu können, zahlt er für den Bezug der Aktie über den Optionsschein einen höheren Betrag als beim direkten Aktienkauf. Dieses Aufgeld oder Agio ist der Preis, den der Käufer für seinen geringeren Kaufpreis und die Möglichkeit auf einen höheren Gewinn zu zahlen bereit ist.
Wenn Sie wissen wollen, wie diese Aufgelder zustandekommen, kann Ihnen die folgende Formel weiterhelfen:

Aufgeld in % =

$$\frac{\dfrac{\text{Bezugskurs} + \text{Kurs des Optionsscheins}}{\text{Verhältnis Aktie/Optionsschein}} \;./.\; \text{Aktienkurs} \times 100}{\text{Aktienkurs}}$$

In unserem Beispiel, dem Hoechst-Optionsschein, ergibt sich bei den vorher genannten Zahlen folgendes Aufgeld:

(Bezugskurs je Aktie = 132,50 DM)

$$\frac{\dfrac{132{,}50\text{ DM} + 670{,}-\text{ DM}}{5:1} \;./.\; 270{,}-\text{ DM} \times 100}{270{,}-\text{ DM}} = -1{,}3\,\%$$

Bei diesem Beispiel hat der Optionsschein ein negatives Agio, ein »Disagio«, d.h., er besitzt einen positiven Wert. Man sagt auch »er ist im Geld«, oder er besitzt einen inneren Wert.

Da es sich nur selten lohnt, einen Optionsschein bis zur Fälligkeit zu halten, werden Anleger den Kauf von warrants mit hohem Aufgeld und kurzer Restlaufzeit vermeiden.
Optionsscheine werden in der Regel nicht gekauft, um die Option auszuüben, sondern gehandelt, damit die Kursschwankungen der Aktie optimal ausgenutzt werden können.

VIII Leerverkäufe und Terminkontrakte – Mitverantwortlich für den programmierten Crash?

Um diese Frage beantworten zu können, müssen wir die Begrenztheit des deutschen Kapitalmarktes hinter uns lassen und in neuen Dimensionen denken. Was in Deutschland vielleicht mit der Einführung der geplanten Terminbörse Wirklichkeit werden soll, gehört bei den Bankern und Brokern der USA längst zum alltäglichen Geschäft: der Handel mit Aktienindices.

In der *Zeit* vom 30. 10. 87 erschien unter dem Titel »Der programmierte Crash« eine anschauliche und leicht verständliche Schilderung dieser Handlungspraxis.

Anders als in der Bundesrepublik gibt es in den USA nebeneinander zwei Märkte für Aktien: den Tagesmarkt für die echten Aktien und den Terminmarkt für einen repräsentativen Korb von Aktien, die Aktienindices. Diese werden laufend nach den aktuellen Kursen berechnet, die an der Tagesbörse für die im Index enthaltenen Aktien bezahlt werden. Steigen die Aktienkurse, steigt also auch der Index, sinken die Kurse, verhält es sich analog.

Wenn aber an beiden Börsen im Prinzip die gleichen Aktien gehandelt werden (einmal physisch und einmal als Index), so lohnt es sich offenbar, darauf zu achten, an welcher Börse diese Aktien billiger zu haben sind. Dort werden sie dann gekauft und an der anderen Börse verkauft.

Die Folge dieser Transaktionen: An der billigeren Kaufbörse steigen die Kurse, an der teureren Verkaufsbörse sinken sie. Im Fachjargon nennt man diese Tatsache »Arbitrage«.

Gibt es zwischen den beiden Märkten Preisunterschiede, kann durch eine Arbitrage risikolos ein Gewinn realisiert werden — vorausgesetzt man verfügt dazu über die notwendigen Kommunikationsmittel: Computer.
Mußte man noch vor etlichen Jahren umständlich per Telefon die gewünschten Kauf- und Verkaufsaufträge möglichst schnell an den Mann bringen (Motto: der Makler mit den schnellsten Beinen streicht die saftigsten Arbitragegewinne ein), geht das heute in Sekundenschnelle per Computer und Knopfdruck, ohne daß auch nur ein Broker seinen Geschäftsplatz verlassen muß.
Eine Spielart dieses Geschäfts ist die sogenannte Portfolio-Versicherung. Die verschiedensten Varianten dieser Strategie sind bei Großanlegern beliebt, die damit ihre Millionendepots gegen Kursverluste am Aktienmarkt absichern.
Man geht dabei so vor, daß der Kurswert eines Depots durch ein Gegengeschäft am Terminmarkt gesichert wird (siehe »Hedge-Geschäft«). Fallen am Aktienmarkt die Kurse, holt man sich das Geld an der Terminbörse zurück, zum Beispiel indem dort die Aktien (genauer: der Aktienindex) zu einem bestimmten Preis per Termin verkauft wird. Im Idealfall heben sich die Verluste am Aktienmarkt und die Gewinne an der Terminbörse vollständig auf.
Aber dieses Hin und Her zwischen Termin- und Tagesmarkt kann auch der versierteste Börsenprofi nicht allein bewältigen. Man braucht dazu viel Geld und vor allem Computer, die mögliche Preisdifferenzen errechnen und blitzschnelle Kauf- und Verkaufssignale geben, die auch sofort in die riesigen Börsencomputer der US-Börsen eingegeben werden. Hier regiert nur die Schnelligkeit! Innerhalb von Sekunden können die Kurse an den Börsen schon wieder anders sein, und die eben registrierten Preisdifferenzen sind verschwunden. Dann ist das Geschäft im besten Fall geplatzt, oder man muß draufzahlen.
Weil der Computer dabei die entscheidende Rolle spielt,

heißt der gleichzeitige Aktienhandel auf dem Termin- und dem Tagesmarkt Programmhandel.
Was hat dieser Handel nun mit den Ereignissen der letzten Wochen zu tun?
Für die vom Programmhandel ausgelöste Abwärtsspirale der Kurse gibt es nur eine Erklärung: Die Terminbörsen in den Vereinigten Staaten haben am Aktienmarkt die Funktion einer Leitbörse übernommen. Wenn dort die Kurse fallen, sorgt der Programmhandel trotz Arbitrage dafür, daß auch die Aktien an den Tagesbörsen sinken.
Wie so eine Abwärtsspirale in Gang gesetzt wird, hat der schwarze Montag gezeigt: An der Chicagoer Terminbörse wurde die Zinsschelte des amerikanischen Finanzministers James Baker als schlimmes Omen für die Konjunktur und den Dollar gewertet. Die Folge: Die Kurse für den dort gehandelten Standard & Poor's 500-Aktienindex (S & P 500) begannen zu sinken. Das rief die Arbitrageure auf den Plan, und die Kurse an der New Yorker Börse begannen ebenfalls zu fallen.
Da wurden die Portfolie-Versicherer aktiv. Sie verkauften den Aktienindex auf Termin und brachten damit die Kurse in Chikago weiter unter Druck, weil bei einer schwachen Börse auch die Spekulanten weniger werden, die mit dem Kauf von Terminkontrakten dagegenhalten. Nun griffen wieder die Arbitrageure ein: Sie sahen die Kauf- und Verkaufssignale auf ihren Monitoren und drückten die Funktionstaste: Ausführen.

Für diese Erklärung der dramatischen Abwärtsspirale sprechen zwei Tatsachen: das ungeheure Volumen der Index-Spekulation und das vergleichsweise risikovollere Wettspiel an den Terminbörsen.
Mit einem Einsatz von 5000 bis 10000 Dollar können sich Spekulanten an der Terminbörse einen Indexkontrakt über 125000 Dollar kaufen. Dabei liegt der Eigenkapitaleinsatz zwischen 5% und 10%. Wenn die Kontraktpreise fallen, ist dieser Betrag schnell aufgezehrt.

Dann müssen die Spekulanten entweder Geld nachschießen, oder der Kontrakt wird liquidiert, und das eingesetzte Kapital ist verloren. (Siehe dazu auch: Der Ablauf des Handels mit Terminkontrakten und Aktienindizes, dargestellt am Beispiel des »Standard & Poor's 500« in: K. H. Bilitza, Erfolgreich spekulieren mit Aktien- und Rentenoptionen, Landsberg 1987.)
Am Aktienmarkt wird der Wert eines gesunden Unternehmens nie auf Null fallen, ein Totalverlust wie am Terminmarkt ist also ausgeschlossen. Am berüchtigten schwarzen Montag fielen die Kontraktpreise zum Beispiel für den S & P 500 aber nicht nur um 5% — die allein schon das eingesetzte Eigenkapital aufgezehrt hätten — sondern um ganze 30%.
Anders herum: Ein Spekulant hätte an diesem Tag fünfmal mindestens 5000 Dollar nachschießen müssen, wenn er seinen Kontrakt behalten wollte — am Ende wäre er doch sein ganzes Geld losgeworden.
Die Abwärtsspirale hätte aber nicht in Gang kommen können, wenn die Terminmärkte nur Tummelplatz für einige wenige Spekulanten wären. Das sind sie schon lange nicht mehr. An normalen Tagen werden allein an der Chicago Mercantile Exchange rund 70000 Kontrakte des S & P 500 gehandelt. Das entspricht Aktien im Gegenwert von fast neun Milliarden Dollar.
Zum Vergleich: An einem durchschnittlichen Börsentag wechseln an der größten amerikanischen Börse, der New York Stock Exchange, vielleicht 120 Millionen Aktien im Wert von etwa sechs Milliarden Dollar den Besitzer.
Schon an normalen Tagen ist also allein das Handelsvolumen beim S & P 500 um die Hälfte höher als der Gesamtumsatz an der New Yorker Börse. Am fraglichen Montag und Dienstag wurden aber bei diesem Index fast 300000 Kontrakte im Wert von fast neun Milliarden Dollar gehandelt.
Zahlreiche andere Indices, die an den anderen Weltbörsen nach den gleichen Regeln gehandelt werden, zeigen

auf die Größenordnung dieses gigantischen Wettspiels hin.

Eine weitere Eigenart des amerikanischen Aktiengeschäfts sind die sogenannten »margin accounts«, die ebenfalls maßgeblich zum Kurssturz beigetragen haben. Solche margin accounts sind Kreditkonten, die den Aktionären von den Investmentbankern und den Brokern eingeräumt werden. Vergleiche zum früher angesprochenen »Wertpapierkauf auf Kredit« bieten sich an.

Auf die in einem Wertpapierdepot befindlichen Aktien erhalten amerikanische Anleger bis zu 50 % des Kurswertes Kredit. Sie können also, bezogen auf das Eigenkapital, dadurch um die Hälfte mehr Aktien kaufen. Wenn die Kurse steigen, erhöht das die Rendite beträchtlich. Die risikofreudigen Amerikaner machen von dieser Möglichkeit regen Gebrauch.

Problematisch wird es, wenn die Kurse sinken und der Kredit über die 50%-Grenze ansteigt. Nach den Bestimmungen der amerikanischen Börsenaufsicht hat der Anleger zwei Möglichkeiten: Entweder er zahlt neues Geld ein, oder ein Teil der Aktien wird verkauft, bis der Kredit wieder im Limit liegt.

Vielen, auch großen Anlegern, fehlte in der vergangenen Woche das Geld zum Nachschießen.

Erkennen Sie das Risiko, das Sie bei einem Wertpapierkauf auf Kredit eingehen?

Überdies haben amerikanische Aktionäre mit ihren Brokern Kurse bestimmt, bei denen automatisch verkauft wird, wenn diese erreicht werden. Das sind die bereits bekannten »Stop-loss-Orders«, die die Verluste der Anleger begrenzen sollen, wenn die Kurse fallen. Je stärker die Kurse sinken, um so öfter werden solche Grenzen erreicht und weitere Verkäufe ausgelöst, wenn nicht neues Geld eingezahlt wird.

In einer Situation wie am schwarzen Montag ist aber kaum ein Anleger dazu bereit, sein Eigenkapital aufzu-

stocken. Dann wird verkauft — um jeden Preis. Zweifellos wird durch diese automatischen Verkaufsprogramme der Druck auf die Aktienkurse verstärkt, weil immer mehr Papiere in den Markt gegeben werden. Solange der Trend am Aktienmarkt nach oben zeigte, nährten der Programmhandel und die bis zum letzten Cent ausgereizten »margin accounts« die Hausse.
Verständlich wird nun aber auch der Börsenspruch »Die Baisse nährt die Baisse«!

Haben die Computer das Klima am Aktienmarkt umschlagen lassen?
Bernhard Blohm meint dazu in der *Zeit,* daß mit einer Korrektur an den Weltbörsen gerechnet werden mußte. 10% bis 15% Kursrückgang, so lautete die gängige Devise der meisten Börsengurus, müsse man schon einkalkulieren. Jetzt sind die Kurse weltweit um 30% bis 40% gefallen. Darf man die Schuld daran auf die Computer schieben?
Die ausgeklügelten Computerprogramme der professionellen Geldanleger haben Sicherheit vorgegaukelt und den Blick für grundlegende Veränderungen an den Weltbörsen verstellt. Die ursprüngliche Funktion der Terminbörsen, Bauern, Exporteure, Importeure und Rohstoffproduzenten vor starken Preisschwankungen zu schützen, hat sich in fünf Jahren Börsenhausse drastisch gewandelt. Die Spekulanten strömten in die Terminbörsen und machten sie zu gigantischen Wettbüros. Aber wenn diese das Regiment übernehmen, wird der gesamte Aktienmarkt zum Spielcasino, bei dem der Computer die Einsätze bestimmt.

So gesehen war der schwarze Montag ein programmierter Betriebsunfall, der auf lange Zeit ein Rückschlag für die Aktie sein wird. Ob die Betroffenen aus diesem Geschehen Lehren ziehen werden?
Eine Parallele zu 1929 wird ganz deutlich: Spekulationen,

die zum großen Teil auf Kredit finanziert werden, waren dem Börsengeschehen noch nie zuträglich.
Die Zukunft in den Börsensälen wird nur dann sicherer, wenn sich die Beteiligten die gewaltigen Risiken einer kreditfinanzierten Spekulation immer wieder vor Augen führen und das Maß des finanziell Machbaren nicht überschreiten.

IX Der endgültige Crash – Utopie oder bald Realität?

Glauben Sie an den Einfluß der Sterne auf die Wirtschaftsentwicklung? Hören wir, was sie uns für die vergangenen Wochen und für die kommenden Monate verheißen.

In 1986 wurden die positiven Aspekte des Jupiters abgelöst durch die negativ zu bewertenden Winkel des Mars zu Saturn. Diese negativen Aspekte zwischen Mars und Saturn waren im Monat Mai und Juli und ein drittes Mal im September fällig. An die letzten kritischen Tage zur Monatsmitte September 1986, an die Sie sich bestimmt erinnern werden, fiel der Dow-Jones-Index fast auf den Tag genau an zwei Tagen ca. 120 Punkte. (Daran waren also die Sterne schuld!)

Für 1987 sind nach diesen Zyklen in den ersten Monaten nochmals Kurssteigerungen an den Börsen zu erwarten. Jupiter steht in 1987 je dreimal in einem Trigon zu Uranus und Saturn, was auf Kurssteigerungen hindeutet. Allerdings werden die Kursrisiken um so größer, je näher die Jahreswende 1987/88 kommt. (Wurde damit schon der Kurssturz vom Oktober vorausgesagt?)

In 1988 kommt die dreimalige Konjunktion von Saturn mit Uranus in den Zeichen Schütze und Steinbock, was auf große Risiken hindeutet. (Werden die Weltbörsen mit einem nochmaligen schwarzen Tag rechnen müssen?)

In den folgenden Jahren 1988/89 steht dann die Wiederkehr des großen Zyklus zwischen Jupiter im Tierkreiszeichen Krebs und Saturn im Tierkreiszeichen Steinbock der Opposition bevor. Diese Opposition wiederholt sich auf Grund der unterschiedlichen Umlaufzeit von fünf Jupi-

terumläufen mit je 11,84 Jahren, ergibt 59,20 Jahre, und von zwei Saturnumläufen mit je 29,46 Jahren, ergibt 58,92 Jahre. Abgerundet ergibt sich daraus ein Zyklus von ca. 59 Jahren. Die Dauer dieses Zyklus deckt sich mit dem Zeitraum, den die Wirtschaftswissenschaftler den Kontradieff-Zyklus nennen. Dieser astrologische Zyklus »Jupiter Opposition Saturn« ist das letzte Mal in den Jahren 1930/32 fällig gewesen. Der Zyklus läßt sich auch in den vergangenen Jahrhunderten nachweisen.
Daraus folgt als Prognose aus dem Zyklus von Jupiter und Saturn, daß wir in den Jahren 1988 und 1989 mit sehr großen wirtschaftlichen Schwierigkeiten und Veränderungen rechnen können, die denen von Oktober 1929 bis 1931 ähnlich sein werden. Besonders betroffen werden auch dieses Mal wieder die Finanz- und Kapitalmärkte sein. 1989 werden weitere Risiken durch die dreimalige Konjunktion von Saturn mit Neptun angezeigt, die auch im Zeichen Steinbock stattfindet. Dieser Aspekt deutet neben wirtschaftlichen Veränderungen auch auf politische und soziale Umwertungen hin. Nachdem dieser weitere negative mundane Aspekt vorbei ist, wird sich 1990 eine langsame Besserung der wirtschaftlichen Entwicklung durchsetzen können.
So stand's zu lesen unter dem Titel »Horoskope für den Aktienanleger« im *Handelsblatt Magazin* vom November 1986.
Gleichgültig, ob Sie nun an die Vorhersagen der Sterne glauben oder mit beiden Beinen lieber auf der Erde bleiben, das Geschehen an den Weltbörsen beschert allen Untergangsprognosen Hochkonjunktur.

Wer sind diese »Crash-Propheten«, und welche Meinung vertreten sie?
In Deutschland warnt schon seit Jahren ein ehemaliger Bankier vor den Folgen der weltweiten Verschuldung: Johann Philipp Freiherr von Bethmann. In ganzseitigen Anzeigen der führenden Wirtschaftsblätter und in seinen

Bethmann-Briefen (Jahresabonnement: 2400 DM) vertritt er die eindeutige Meinung: Auf Inflation folgt Deflation. Darauf ist Verlaß.

In einem Interview mit der *Wirtschaftswoche* vom 10. 4. 87 sieht er die Krise aus folgenden Gründen kommen:
»Inflation besteht nicht aus Preisinflation allein. Die eigentliche Inflationskrankheit besteht hauptsächlich aus einer Übernachfrage, die zu einem Zuviel an Geld- und Schuldenbeständen führt.
Die übermäßigen Bestände können nur beseitigt werden, wenn das große Aufräumen stattfindet. Und das ist der Crash, der Zusammenbruch, die Krise, der sehr schmerzhafte, deflationäre Prozeß. Die Drohung kommt vom Dollar, eindeutig. Dollar-Schulden haben sich international wie Kartenhäuser aufgetürmt. Und Kartenhäuser kann man nicht demontieren, die stürzen eines Tages zusammen.
Die Kartenhäuser sind verleimt worden. Die Bilanzen der Gläubiger sind geschönt. Es ist nicht alles abgeschrieben worden, was hätte abgeschrieben werden müssen.«
Auf Dauer sieht von Bethmann nur zwei Konsequenzen, die aus der Misere herausführen: das deflatorische Reinemachen, das ist der Crash — oder das Unerhörte, eine Währungsreform des Dollar.
Das Muster für den Crash ist aus der Weltwirtschaftskrise bekannt: Eine Bank kann ihren Verbindlichkeiten nicht mehr nachkommen. Über den Ausfall ihrer Forderungen stolpern auch andere Banken. Wie Dominosteine purzeln Banken und Unternehmen im gemeinsamen Kollaps daher.
Ganz anders dagegen die entschärfte Form des Crash, die innere Reform des Dollar. »Will man den Crash vermeiden, dann läuft die Lösung nur über die Währung«, diagnostiziert Bethmann. Und er fügt hinzu: »Der Dollar wird um 50% entwertet.«
Die Hoffnung, die sich mit einer derart drastischen Wäh-

rungsreform verbindet: Die Dollarerlöse ausländischer Exporteure würden sich verdoppeln. Damit aber könnten sie ihre nominalen Dollar-Schulden leichter zurückzahlen. Gleichzeitig würde eine Währungsreform die Vermögensverluste, die bei der Lösung der Schuldenkrise anfallen werden, gleichmäßiger auf die Schultern aller Dollar-Besitzer verteilen.
Bethmann glaubt zu wissen, daß solche Ideen diskutiert werden. »Es gibt schlaue Leute, die aus bestimmten Zeichen entnommen haben, die Pläne zu einer Dollar-Halbierung lägen bereits in Washington in der Schublade.« Glauben freilich kann auch er derlei Gerüchten nicht, obwohl er »für eine solche monetäre Lösung viel übrig« hätte. Aber aufgeschoben ist nicht aufgehoben. Mit trutzigem Zukunftsblick deklamiert der Verkünder wirtschaftlicher Endzeit: »Ich sage, das kommt ohnehin eines Tages. Wenn es nicht jetzt kommt, dann eben später.« (*Wirtschaftswoche* v. 10. 4. 87)

Ein weiterer Verkünder des finanziellen Untergangs, der schon seit Jahren in Büchern und Seminaren den kommenden Crash, die »finale Senkrechte« voraussagt, ist Paul C. Martin.
Wie der an anderer Stelle bereits zitierte Robert C. Prechter, glaubt auch Martin noch an einen steilen Anstieg des Dow-Jones bis zur Obergrenze von 3600 Punkten und danach an den Sturz ins Bodenlose. Auch für ihn ist das grenzenlose Schuldenmachen privater und staatlicher Stellen eine der Hauptursachen, die zum »finalen Blowoff« führen.
»Wir müssen die Inflation immer nur als das ansehen, was sie ist: ein riesiger Kreditschwindel, der spätestens zu Ende geht, wenn es keine neuen Kredite mehr gibt — oder wenn sich neue Kredite nicht mehr rechnen.
Das moderne Bankensystem bringt es mit sich, daß Grenzen für zusätzliche Kreditierungen immer weiter hinausgeschoben werden können. Insofern ist die Weltinflation

dieses Mal erst dann endgültig beendet, wenn es keinen mehr gibt, der sich noch einen neuen Kredit leisten kann. Danach bleibt die Welt aber nicht auf einem ›hohen‹ und dennoch ›stabilen‹ Preisniveau stehen. In dem Augenblick, da die Inflation nicht mehr möglich ist, weil alle Verschuldungsspielräume ausgeschöpft sind, hört die Inflation nicht einfach ›auf‹, sondern die Deflation beginnt. Und Deflation heißt sofort Crash, weil mit dem Rückgang der Preise (Werte) die Kredite mangels ›Deckung‹ sofort notleidend werden.« (Paul C. Martin, Crash — Strategie gegen den Crash, Frankfurt 1987, S. 183)

Vor einigen Monaten wurde in den USA ein Buch veröffentlicht, das mittlerweile in den Bestsellerlisten ganz oben steht und im Januar 1988 im Heyne-Verlag München in deutscher Sprache erscheint: The great depression of 1990.
Der Professor der Volkswirtschaft von der Southern Methodist University in Dallas, Ravi Batra, erläutert darin weniger reißerisch als vielmehr mit wissenschaftlicher Genauigkeit und sachlichem Ton, daß die Weltwirtschaft in drei Jahren eine Krise erleben werde, die noch weitaus schwerer als das Debakel der dreißiger Jahre die Fundamente der Weltwirtschaft erschüttern könnte. Für ihn besteht der Neubeginn in einem völlig gewandeltem Weltwirtschaftssystem, deren sozioökonomische Ordnung von den Militärs beherrscht wird.

Bereits im April 1987 gestand der Ökonomie-Professor Lester L. Thurow vom Massachusetts Institute of Technology, daß er entgegen früherer Überzeugung jetzt einen Börsen-Crash nicht mehr ausschließen könne. Die Entwicklung gab ihm recht.
Nach den Gründen für seine Sorgen befragt, antwortete damals Professor Thurow: »Gesellschaftssysteme haben die Tendenz, dieselben fundamentalen Fehler alle 20 Jahre zu wiederholen, weil dann nämlich alle, die aus den

Fehlern vom letzten Mal gelernt haben, entweder gestorben oder senil sind.«

Es bleibt nur zu hoffen, daß Politiker, Wirtschaftswissenschaftler und alle am Börsengeschehen Beteiligten rechtzeitig Lehren aus der Katastrophe des »schwarzen Montag« ziehen. Nichts wäre schlimmer, als ein sofortiger Wiederanstieg der Börsenkurse auf ihr altes Niveau, denn dadurch könnte der Eindruck erweckt werden, »es war ja alles halb so schlimm«. Die vielgelobten Selbstheilungskräfte der Wirtschaft ließen diesen Rückschlag bald vergessen.
Dies wäre eine Einstellung, die den Blick für die Realität verstellt. Noch war es »nur« ein Börsenkrach, der auf die Wirtschaftsentwicklung vordergründig keine oder nur sehr schwache Auswirkungen zeigt.

X Vermögensanlagen für ängstliche Anleger –

Weiterhin der Aktie treu bleiben oder Flucht in die Sachwerte?

Alle die Sparer, Anleger und Aktienbesitzer, denen in den letzten Wochen das Börsenparkett zu heiß wurde, stehen angesichts der unsicheren Entwicklung an den internationalen Kapitalmärkten vor der Entscheidung: weiterhin auf Aktien setzen oder nach besseren Alternativen suchen, die vielleicht eine schlechtere Rendite, dafür aber einen ruhigeren Schlaf garantieren.

Die Entwicklung an den internationalen Börsen basierte in der Vergangenheit weitgehend auf dem relativ sicheren Fundament einer prosperierenden Wirtschaft. Das machte das Börsengeschehen zwar nicht berechenbar, aber auch für Kleinanleger einsichtig und nachvollziehbar. Wenn es den führenden Unternehmen gut geht, kann es den Börsenkursen nicht schlecht gehen. Eine einfache Gleichung, die in den letzten fünf Jahren fast immer aufging.

Was nun in den letzten Wochen, speziell am schwarzen Montag geschah, brachte diese Gleichung in Unordnung und verwies auf die Eigendynamik der Börse, die völlig losgelöst von wirtschaftlichen Ereignissen ihr unberechenbares Eigenleben an den Tag legte.

Noch hat sich an der stabilen Wirtschaftslage nichts verändert. Zwar mußten die Prognosen des Herbstgutachtens neu überarbeitet werden, dennoch weisen sie auf ein Wirtschaftswachstum von 2% und eine moderate Inflationsrate hin.

Schlagzeilen, die nach den ereignisvollen Börsenstunden

die Anleger verunsicherten mit Behauptungen, die Währung sei in Gefahr oder die nächste Rezession stünde schon vor der Tür, waren schlichte Panikmache.
Wer sich zu den Aktienbesitzern zählt, weiß, daß die Aktie ein Risikopapier ist. Wer diese Kenntnis erst jetzt hat, muß sich vorhalten lassen, daß er die Börse mit einem Spielcasino verwechselte. Besonnene Geldanleger — und dazu gehören die deutschen Bundesbürger mit Sicherheit, wie das Sparverhalten zeigt — setzen nie ihr gesamtes Vermögen auf eine Karte und vermeiden eine Spekulation, die nur mit Krediten finanziert wird.
Eine Risikostreuung hat schon immer dazu gedient und wird besonders in der Zukunft dazu dienen, einen Gesamtverlust des Vermögens zu vermeiden. Die deutsche Wirtschaft und damit auch die deutsche Börse (Sie können die Reihenfolge auch umkehren) ist in großem Maße vom Ausland, insbesondere den USA mit all ihren Problemen und ihrer schwankenden Währung, abhängig.
Eine Dollarabwertung verschlechtert die Gewinnchancen der deutschen Unternehmen, die ihren Schwerpunkt im exportorientierten Handel haben oder die mit Importen auf den deutschen Märkten konkurrieren müssen.
Leider ist der Anteil der deutschen Aktienbesitzer noch so gering, daß größere Kursschwankungen von ihnen allein nicht aufgefangen werden können: Im Gegenteil, sie sind die Leidtragenden, wenn die japanischen und amerikanischen Verkaufsorders den deutschen Markt überschwemmen. Was ist dagegen zu tun?

Unabhängig von der jetzigen Situation an den Börsen muß das Vertrauen in die Aktie für den deutschen Anleger wiederhergestellt werden. Ein so hochindustrialisiertes Land wie die Bundesrepublik, dessen Lebensstandard weitgehend von der Exportkraft seiner Unternehmen abhängt, darf das Risiko von Ertrag und Verlust nicht weitgehend dem Ausland überlassen.
Deutlich gesagt: Der Staat muß ganz einfach mehr dafür

tun, daß die Beteiligung der deutschen Anleger am Produktivkapital gestärkt wird.

Dazu ist nicht nur eine Abschaffung der Börsenumsatzsteuer erforderlich, viel dringender noch ist die Aufklärung der deutschen Sparer über Chance und Risiko der Aktie.

Inländische Anleger für die Aktie können nur gewonnen werden, wenn Staat und Wirtschaft gemeinsam Anstrengungen unternehmen, das Bewußtsein für die Aktie zu stärken und verlorengegangenes Vertrauen in den Kapitalmarkt zurückzugewinnen suchen.

Was bleibt nun all denjenigen, die trotz aller Überzeugungskraft die Aktien aus ihren Anlageüberlegungen gestrichen haben und Alternativen für Anlage und Vermögen suchen?

Ein wesentlicher Anteil des Kapitals, das den Aktienmärkten entzogen wurde, floß in die festverzinslichen

Wertpapiere, die sog. Rentenpapiere. Anleihen des Bundes, der Länder, der Kommunen und der Industrie werden bei Fälligkeit zu 100% zurückbezahlt und garantieren während ihrer Laufzeit einen festen Zins, mit dem wie mit einer »Rente« fest gerechnet werden kann. Zwar ändert sich der Kurs während der Laufzeit aufgrund des schwankenden Zinses, doch kann damit nicht viel passieren, solange der Schuldner in der Lage ist, die Zinsen zu zahlen und die Rückzahlung zu garantieren.
Inhaber von festverzinslichen Wertpapieren waren von der Baisse nicht betroffen, weshalb für jeden vorsichtigen Anleger solche »Rentenpapiere« ins Wertpapierdepot gehörten.
Noch wurden bisher von allen Schuldnern die erforderlichen Zinsen, wenn auch weitgehend durch eine Neuverschuldung, aufgebracht, und der Anleger konnte darauf fest vertrauen.
Ob damit auch in der Zukunft gerechnet werden kann, wird von einigen kritischen Mahnern bezweifelt. Die weltweit steigende Staatsverschuldung und die Schuldenprobleme der dritten Welt lassen Zweifel aufkommen, ob alle Schulden an alle Gläubiger zurückbezahlt werden können. Von den Schulden der Entwicklungsländer weiß man, daß sie nicht zurückbezahlt werden können, auch wenn dies nicht lauthals verkündet wird. Umschuldungen, neue Kredite und Teilabschreibungen vorhandener Schulden haben die Lösung (gibt es überhaupt eine?) immer wieder vor sich hergeschoben. Wie steht es mit den Schulden, die der Staat an seine Bürger hat? Muß auch er eines Tages von seinen Gläubigern eine »Abschreibung« verlangen?

Hören wir dazu die Meinung des bereits zitierten Johann Philipp von Bethmann:
»Die eigentliche Inflationskrankheit selbst ist Schuldenvermehrung, überproportionale, unsinnige Schuldenvermehrung. Immer mehr neue ›ungesicherte‹, weil von

vornherein niemals bezahlbare Schulden, verbreiten sich dann im Wirtschaftskörper als wuchernde Metastasen der unbesiegten Schuldeninflation. Das Wuchern der Schulden ist der Herd der Inflationskrankheit.
Schuldeninflation liegt immer dann vor, wenn die Schulden mit einer viel größeren Rate wachsen als die Wirtschaft selbst. Das ist nun seit vielen Jahren der Fall, und es setzt sich bis zum heutigen Tag unvermindert fort — schlimmer noch: Das Schuldenwachstum nimmt sogar noch immer zu, wie schon beschrieben.
Das einzige, was in jüngster Zeit anders geworden ist, was die monetäre Entwicklung neuerdings mitbestimmt, was damit auch das Krankheitsbild der Inflation verändert hat, ist eine ebenfalls wachsende und rasch zunehmende Geld- und Schuldenvernichtung durch Verzicht und Abschreibung auf unbezahlbare Forderungen. Solche Geld- und Schuldenvernichtung durch Gläubigerverzicht ist nichts anderes als die operative Beseitigung eines Teils der Geld- und Schuldenwucherungen von gestern.« (Johann Philipp von Bethmann, Die Deflationsspirale, Frankfurt 1987, S. 55)

Ohne Ihnen den Glauben an die Zahlungsfähigkeit des Staates nehmen zu wollen, sollten Sie wissen, daß neben dem Haushalt für Soziales und den Ausgaben für die Verteidigung der Schuldendienst mittlerweile der drittgrößte Posten im Bundeshaushalt ist.

Von George Bernard Shaw stammt der Ausspruch:
»Wenn Sie sich entscheiden müssen, ob Sie Ihr Vertrauen in die Regierung oder in Gold setzen, dann meine Herren, rate ich Ihnen dringend, sich für Gold zu entscheiden.«
Wer nach dem Börsencrash geglaubt hat, der Goldpreis werde nun in die Höhe schießen und an alte Höchstmarken von 1980, als er bei 800 Dollar stand, anknüpfen, wurde enttäuscht.

Die Schwankungsbreite blieb auf 460 $ bis 470 $ beschränkt, obwohl der Dollar bis unter 1,70 DM fiel und den bisher gültigen Börsenspruch »Fällt der Dollar, steigt das Gold« außer Kraft setzte. Welche Erklärungen gibt es dafür?

Nach den Kursstürzen an den Börsen wurden weltweit die Kapitalmärkte mit Liquidität überschwemmt, um dem Liquiditätsbedarf, der durch die Flucht aus den Aktien stand, entgegenzuwirken. Die bis dahin vorherrschende Tendenz des Zinses, nach oben weiterzumarschieren, wurde gebremst, worauf die Kapitalmarktzinsen weltweit fielen und, wie schon beschrieben, die Rentenkurse nach oben gedrückt wurden. Fallende Zinsen sind zwar gut für die Aktienmärkte, aber schlecht für den Goldpreis.

Ob die Zinsen weiter fallen können oder auf niedrigem Niveau verharren, steht noch in den Sternen. Bis jetzt konnte sich die Deutsche Bundesbank noch nicht zu einer Verringerung des Leitzinses entschließen. Weitere Unbekannte in den Hinweisen für eine alternative Anlagestrategie sind der unstabile Dollarkurs und das Verhalten der japanischen Anleger, die über eine immense Kapitalkraft verfügen.

Führende amerikanische Wirtschaftsforscher sehen die weitere Konjunkturentwicklung in den USA in nicht mehr allzu rosigem Licht und vertreten die Meinung, daß die bisher veröffentlichten Wachstumsprognosen nach unten korrigiert werden müßten.

Auch wenn das Wort »Rezession« im Zusammenhang mit dem Börseneinbruch noch von vielen vermieden wird, weisen die Folgen der gesunkenen Börsenkurse auf ein schlechteres Konsumklima und damit auf sinkende Konjunkturdaten hin. In den kommenden Monaten wird die weitere Zinsentwicklung darüber Auskunft geben, ob und in welcher Weise die Weltwirtschaft den Börsenkrach verkraftet hat.

Trotz des enttäuschenden Abschneidens der Edelmetalle

sollte für die Zukunft Gold in der Anlageentscheidung eine wesentliche Rolle spielen. Warum?
Kein anderes Anlageobjekt überstand die vielen Regierungsformen, Inflationen und Wirtschaftskrisen so unbeschadet wie Gold.
Sein Preis kann weder von Politikern noch von Regierungen aus subjektiven Zielsetzungen manipuliert werden. Sein Wert war im Laufe der Zeit zwar kräftigen Schwankungen unterworfen, aber nichts überstand die Wirren der Zeit und die unterschiedlichen Machtverhältnisse so unbeschadet wie Gold.
»Keine Wette war in den Jahrhunderten der Währungsgeschichte sicherer zu gewinnen als die, daß ein Goldstück, das der Inflationspolitik der Regierungen unzugänglich ist, seine Kaufkraft besser bewahren würde als eine Banknote.« Diese Aussage Wilhelm Röpkes hat bis heute ihre Gültigkeit bewahrt.
Ob nach dem Börsencrash die Flucht in die Sachwerte beginnt oder ob sie schon begonnen hat, kann niemand letztgültig entscheiden. Noch wichtiger als bisher ist für den Anleger die Bereitschaft, sich mit den Geschehnissen der Wirtschaft auseinanderzusetzen und alle Anlageformen in sein Kalkül einzubeziehen.

Wir haben diesem Buch eine Aussage des Deutsche-Bank-Chefs Christians vorangestellt, die für mehr Aufklärung wirbt. Beenden wir es mit einem Zitat André Kostolanys, das Sie vielleicht über die Börsenverluste der letzten Wochen hinwegtröstet:

❞

Wenn die Börsenspekulation so leicht wäre,
gäbe es keine Bergarbeiter, Holzfäller und andere
Schwerarbeiter. Jeder wäre Spekulant.

❞

Während der Fertigstellung des Buches fiel der Dollar auf seinen historischen Tiefstkurs von unter 1,68 DM. Die internationalen Börsen verloren weiter an Boden, und die deutschen Aktien mußten in der Folge Kursverluste zwischen weiteren 5% bis 10% hinnehmen. Die Bundesbank reagierte darauf mit Zinssenkungen, um den Kursverfall einzudämmen. Der Lombardsatz wurde von 5% auf 4,5% gesenkt, und für Wertpapierpensionsgeschäfte sind zukünftig ein Festzinssatz von 3,5% nach 3,8% berechnet. Diese mehr psychologisch als wirtschaftlich zu verstehende Maßnahme, der sich mehrere europäische Länder anschlossen, blieb noch ohne entscheidende Wirkung.
Der Goldpreis, von dem viele einen schnellen Aufschwung über 500 $ erwartet hatten, konnte trotz stetigem Dollarverfall nichts hinzugewinnen und fiel bis unter 460 $ zurück. Begründet wird dieses Verhalten mit massiven Goldverkäufen institutioneller Anleger, die mit dem Erlös Verluste aus Aktiengeschäften abzudecken hatten. Auch internationale Notenbanken waren auf der Verkäuferseite zu finden, die sich erforderliche Liquidität für eine Intervention am Devisenmarkt besorgten.
Wie wird es an den internationalen Börsenmärkten weitergehen? Optimisten und Pessimisten halten sich die Waage. Alles wird vom Verhalten der USA, der Bewältigung ihrer Schuldenkrise und den damit verbundenen Auswirkungen auf das Zinsniveau und den Dollar abhängen. Wir gehen an der Börse interessanten und aufregenden Zeiten entgegen. Mit kühlem Kopf, dem erforderlichen Wissen und einem gesunden Maß an Zuversicht und Vertrauen in die deutsche Wirtschaft sollten Sie weiterhin die Aktie in Ihre Anlageentscheidungen einbeziehen.

»Vermögenssicherung — im Sinne einer richtigen Umstrukturierung des Vermögens kurz vor dem Crash — kann nur in wenigen Einzelfällen gelingen. Der Illusion, als einer der wenigen das eigene Vermögen so einer zumindest teilweisen Vernichtung entziehen zu können, wenn das gesamte Volksvermögen bedeutend an Wert verliert, sollte man sich allerdings nicht hingeben.
Eine darüber hinausweisende Anlagestrategie, die auf eine aktive Mitgestaltung der wirtschaftlichen Zukunft setzt, darf dem Risikopapier Aktie zu keinem Zeitpunkt vollständig den Rücken kehren.« (*Wirtschaftswoche* vom 6. 11. 87)

Literaturhinweise

Von Bethmann, Johann Philipp: Die Deflationsspirale, Frankfurt 1987

Bilitza, Karl-Heinz: Geld verdienen an der Börse, München 1986

Bilitza, Karl-Heinz: Geldanlage Gold, München 1987

Bilitza, Karl-Heinz: Erfolgreich spekulieren mit Aktien- und Rentenoptionen, Landsberg 1987

Kostolany, André: Kostolanys Börsenseminar, Düsseldorf 1986

Kostolany, André: Kostolanys Wunderland von Geld und Börse, Frankfurt 1985

Martin, Paul C.: Crash — Strategie gegen den Crash, Frankfurt 1987

Martin, Peter N.: Spekulation der Geschichte, München 1982

Schätzle, Rainer: Handbuch Börse, München 1987

Grafiken, Schaubilder und aktuelle Zitate zum Börsenkrach wurden folgenden Zeitschriften und Magazinen entnommen:

Der Spiegel, Stern, Die Zeit, Handelsblatt, Wirtschaftswoche, Börsen-Journal, Frankfurter Allgemeine Zeitung, Börse Online.